「理解力」が
高まる！

12歳までに
知っておきたい
読《どっ》解《かい》力《りょく》図《ず》鑑《かん》

齋藤 孝・著

日本能率協会マネジメントセンター

はじめに

文章《ぶんしょう》を読《よ》んでいて、「これはどういうことだろう？」「作者《さくしゃ》はなにを言《い》いたいんだろう？」といったモヤモヤを抱《かか》えたことはあるかな？

文章《ぶんしょう》を読《よ》んで理解《りかい》する力《ちから》である「読解力《どっかいりょく》」が高《たか》いと、このモヤモヤに対《たい》する答《こた》えがわかってとてもスッキリするんだ。

さらに、答《こた》えが１つとは限《かぎ》らないモヤモヤの場合《ばあい》は、いろいろな視点《してん》から読《よ》み解《と》こうとすることで、自分《じぶん》の考《かんが》え方《かた》の可能性《かのうせい》を広《ひろ》げることができるよ。読解力《どっかいりょく》が高《たか》いと、文章《ぶんしょう》を豊《ゆた》かに味《あじ》わえるようになるんだね。

実《じつ》は、読解力《どっかいりょく》は会話《かいわ》においても必要《ひつよう》なんだ。

たとえば、友達同士《ともだちどうし》が話《はな》しているところに途中《とちゅう》から参加《さんか》したとしよう。黙《だま》って話《はなし》を聞《き》いていただけなのに、「○○について話《はな》しているんだな」とわかるタイミングがあるよね。

これは無意識《むいしき》のうちに会話《かいわ》のつながりや大事《だいじ》な言葉《ことば》、会話《かいわ》に参加《さんか》している人《ひと》の関係性《かんけいせい》などを頭《あたま》の中《なか》でまとめ、流《なが》れを組《く》み立《た》てて読《よ》み解《と》いたからなんだ。

会話《かいわ》における読解力《どっかいりょく》が高《たか》い人《ひと》はその場《ば》にふさわしい発言《はつげん》ができるから、素敵《すてき》な人間関係《にんげんかんけい》を築《きず》くことができるよ。

そしてこれからの時代《じだい》は、インターネットやSNS《エスエヌエス》（LINE《ライン》やX《エックス》など、インターネット上《じょう》で人《ひと》とやりとりできるサービス）の情報《じょうほう》を正《ただ》しく読《よ》み解《と》く力《ちから》も必要《ひつよう》になってくる。フェイクニュースや人《ひと》をだまそうとする情報《じょうほう》に接《せっ》したら、「あやしい」と読《よ》み解《と》く力《ちから》も身《み》につけていきたいよね。

文章《ぶんしょう》や会話《かいわ》、情報《じょうほう》を読解《どっかい》することは、前後《ぜんご》に埋《う》まっているヒントを見《み》つけて、自分《じぶん》の思考《しこう》につなげていく作業《さぎょう》だとも言《い》えるよ。

この本《ほん》を読《よ》んで、ヒントに気付《きづ》き、掘《ほ》り起《お》こすトレーニングをしながら、楽《たの》しく読解力《どっかいりょく》を伸《の》ばしていこう！

齋藤《さいとう》 孝《たかし》

12歳《さい》までに知《し》っておきたい 読解力図鑑《どっかいりょくずかん》 もくじ

STEP《ステップ》 1 読《よ》み解《と》きウォーミングアップ 17

ささやいているみたいだね
さらさら
さらさら
さらさら

詩《し》を読《よ》み解《と》こう！

俳句《はいく》を読《よ》み解《と》こう！

短歌《たんか》を読《よ》み解《と》こう！

STEP《ステップ》 2

もう食《た》べても
いいかい？
まだ早《はや》い、
まだ早《はや》い

さぁ
さぁ

STEP《ステップ》 3

要約《ようやく》する力《ちから》を磨《みが》こう 139

STEP《ステップ》 5

情報読解力《じょうほうどっかいりょく》を身《み》につけよう　189

この本《ほん》の読《よ》み方《かた》・使《つか》い方《かた》

キミと一緒《いっしょ》に読解力《どっかいりょく》を伸《の》ばしていく仲間《なかま》を紹介《しょうかい》しよう！　クマさんとリスさんだよ。ふたりと一緒《いっしょ》に、文章《ぶんしょう》や会話《かいわ》などさまざまな情報《じょうほう》を正《ただ》しく理解《りかい》し、読《よ》み解《と》く力《ちから》を身《み》につけよう！

読解力《どっかいりょく》を高《たか》める５つのポイント

この本《ほん》には、全部《ぜんぶ》で5つのSTEP《ステップ》があるよ。次《つぎ》のページから、それぞれの読《よ》み方《かた》を説明《せつめい》するから参考《さんこう》にしてみてね。

STEP《ステップ》1
まずは短《みじか》い文章《ぶんしょう》から！
読《よ》み解《と》きウォーミングアップ

STEP《ステップ》2
文章《ぶんしょう》のつながりに注目《ちゅうもく》！
文脈《ぶんみゃく》でとらえる力《ちから》を磨《みが》こう

STEP《ステップ》3
文章《ぶんしょう》のポイントをまとめる！
要約《ようやく》する力《ちから》を磨《みが》こう

STEP《ステップ》4
会話《かいわ》のトラブルを防《ふせ》ぐ！
会話読解力《かいわどっかいりょく》を磨《みが》こう

STEP《ステップ》5
ネットの情報《じょうほう》にご用心！
情報読解力《じょうほうどっかいりょく》を身《み》につけよう

STEP《ステップ》 1

まずは短《みじか》い文章《ぶんしょう》を題材《だいざい》に、読《よ》み解《と》く力《ちから》をトレーニングするよ。

文章《ぶんしょう》を味《あじ》わい読《よ》み解《と》くためには、音読《おんどく》するのもオススメだよ。

読《よ》み解《と》く作品《さくひん》

童謡《どうよう》や俳句《はいく》、小説《しょうせつ》などさまざまな作品《さくひん》が載《の》っているよ。

童謡を読み解こう!

先生、このSTEPはどう読むの?

まずは作品をゆっくり丁寧に読もう。作品の世界に深く入り込める音読もオススメだよ。

次に、作品の下にある「読み解きクエスチョン」を読んで答えを考えてね。解答が決まったら、ページをめくって答え合わせをしよう!

ヒント

難《むずか》しいときは先生《せんせい》のヒントを参考《さんこう》にしてみよう。

読《よ》み解《と》きクエスチョン

クエスチョンを読《よ》んで作者《さくしゃ》の気持《きも》ちを考《かんが》えたり、描《えが》かれている状況《じょうきょう》を読《よ》み解《と》いたりしよう。

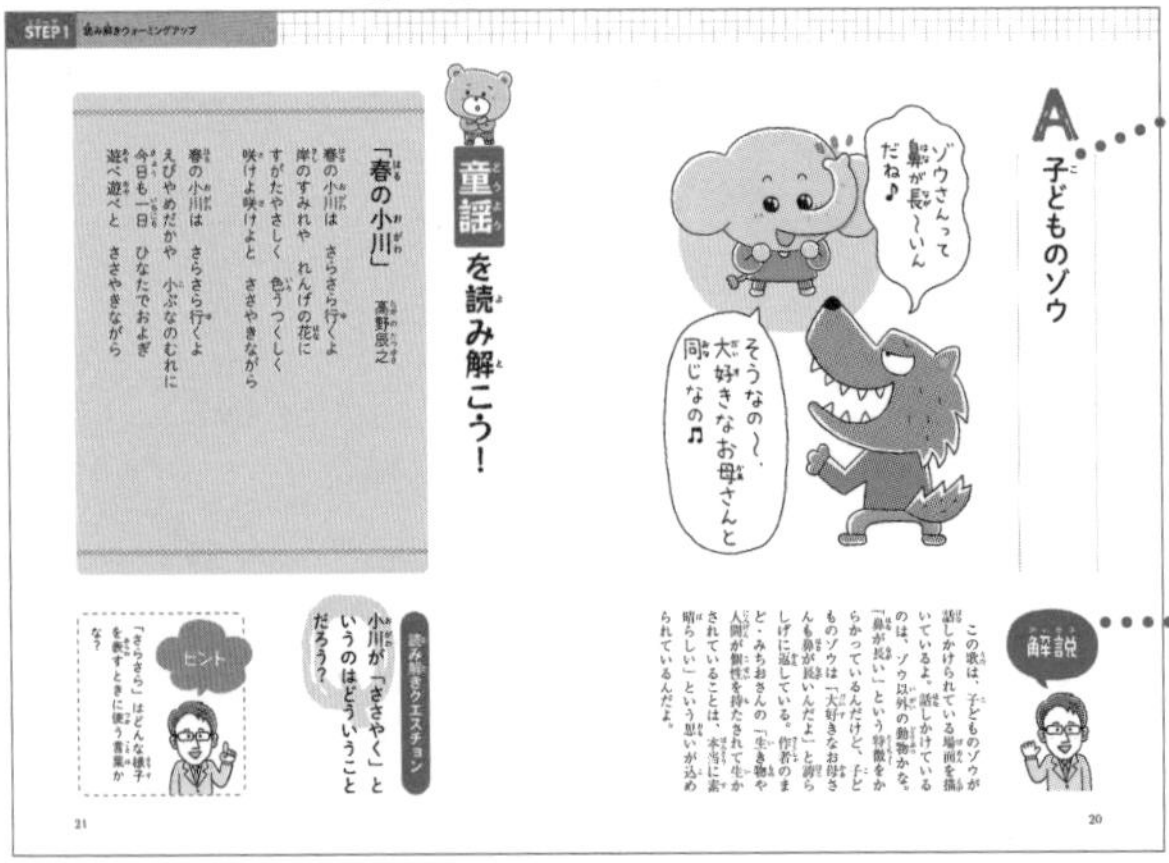

童謡を読み解こう!
「春の小川」 高野辰之
春の小川は さらさら行くよ

すがたやさしく 色うつくしく

春の小川は さらさら行くよ
えびやめだかや 小ぶなのむれに
今日も一日 ひなたでおよぎ

「ささやく」はどんな様子を表すときに使う言葉かな?
A 子どものゾウ
ゾウさんって鼻が長〜いんだね♪
そうなの〜。大好きなお母さんと同じなの♪

答《こた》え

答《こた》えの表現《ひょうげん》が違《ちが》っても、同《おな》じ内容《ないよう》を読《よ》み解《と》けていれば正解《せいかい》だよ。答《こた》えがひとつとは限《かぎ》らない問題《もんだい》もあるからね。

解説《かいせつ》

どの言葉《ことば》を手《て》がかりに文章《ぶんしょう》を読《よ》み解《と》くかを解説《かいせつ》したよ。

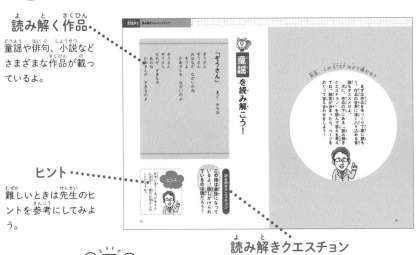

ステップ
STEP2

STEP2《ステップ》 では、少《すこ》し長《なが》い文章《ぶんしょう》の読解《どっかい》に挑戦《ちょうせん》するよ。
文章《ぶんしょう》のつながりと展開《てんかい》を意識《いしき》して、書《か》かれている内容《ないよう》を理解《りかい》できるようにしよう。

読《よ》み解《と》く作品《さくひん》

童話《どうわ》や小説《しょうせつ》、エッセイなどの作品《さくひん》が載《の》っているよ。

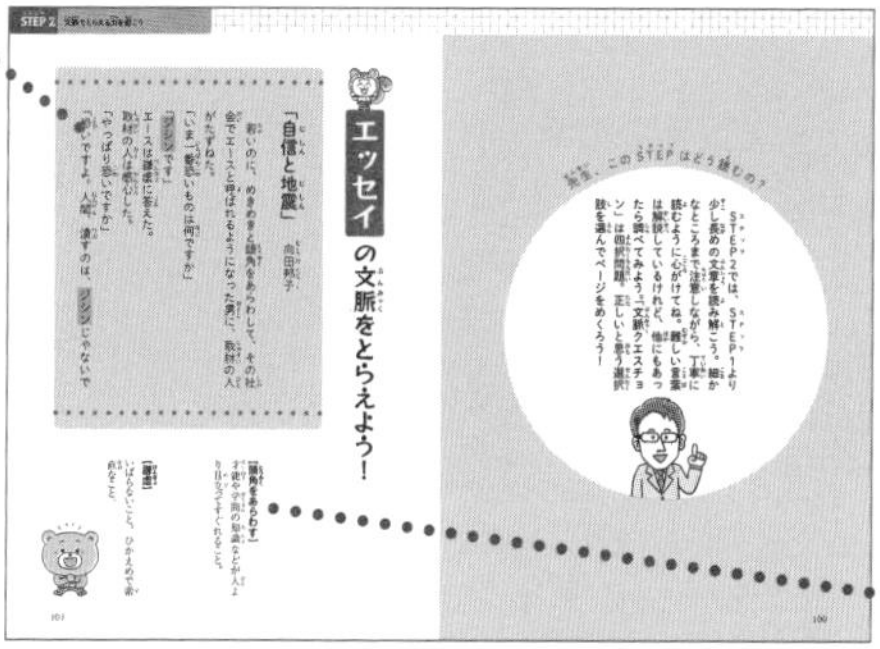

の文脈をとらえよう！

難語解説《なんごかいせつ》

難《むずか》しい言葉《ことば》の意味《いみ》が書《か》いてあるよ。

文脈《ぶんみゃく》クエスチョン

クエスチョンを読《よ》んで、正解《せいかい》だと思《おも》う選択肢《せんたくし》を選《えら》ぼう。

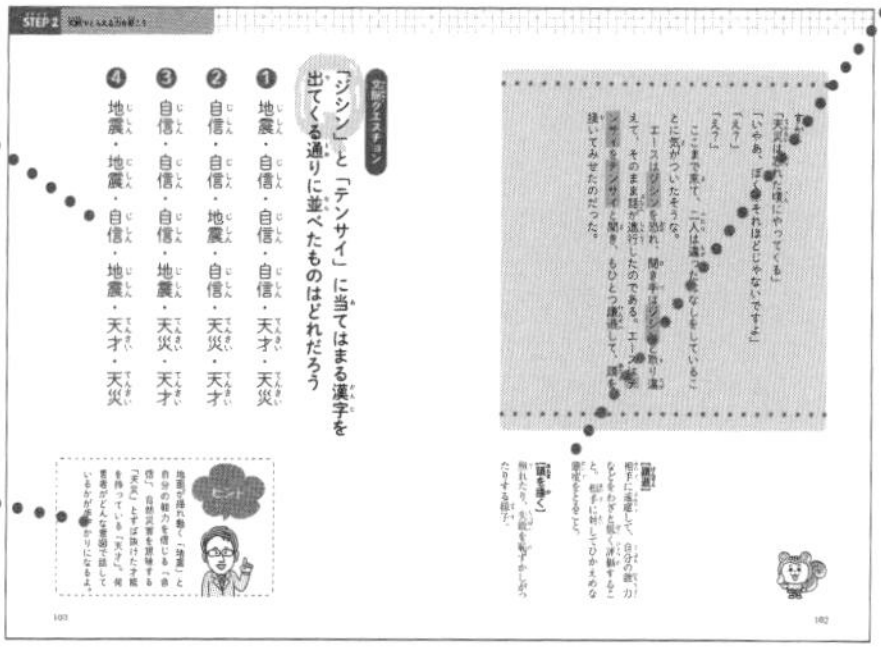

ヒント

考《かんが》え方《かた》のヒントが書《か》いてあるよ。

の文脈をとらえよう！
自信です
地震か…

答《こた》え

クエスチョンの答《こた》えが書《か》いてあるよ。

解説《かいせつ》

文章《ぶんしょう》の読《よ》み解《と》き方《かた》に加《くわ》えて、作品《さくひん》が書《か》かれた背景《はいけい》なども解説《かいせつ》しているよ。

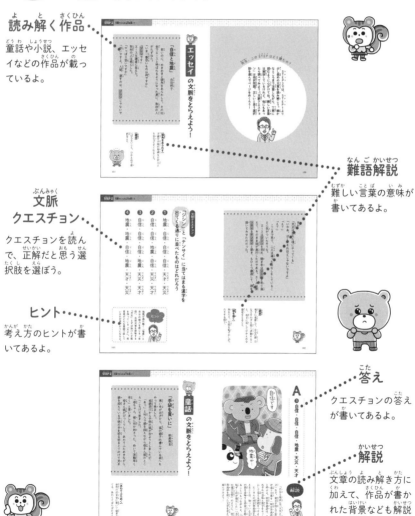

ステップ
STEP3

STEP《ステップ》3では、文章《ぶんしょう》を短《みじか》くまとめる「要約《ようやく》」に挑戦《ちょうせん》するよ。
文章《ぶんしょう》のポイントを見《み》つけ出《だ》し、本質《ほんしつ》をつかむ練習《れんしゅう》をしよう。

動物毎日新聞《どうぶつまいにちしんぶん》

動物《どうぶつ》が人間《にんげん》のように暮《く》らしている架空《かくう》の世界《せかい》の出来事《できごと》を伝《つた》えているよ。

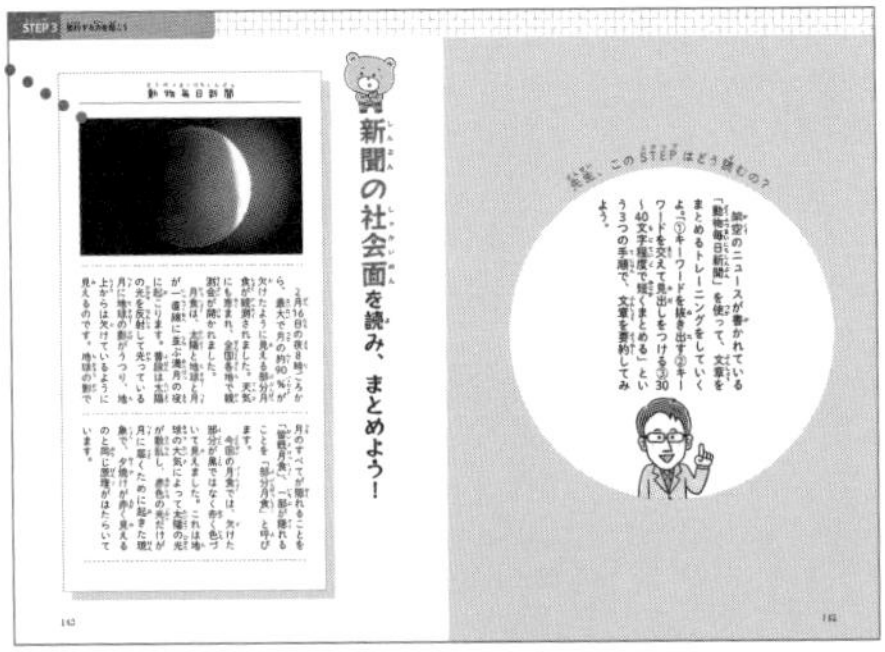

STEP3
動物毎日新聞
新聞の社会面を読み、まとめよう！

見出《みだ》し

抜《ぬ》き出《だ》したキーワードを使《つか》って、見出《みだ》しをつけてみよう。

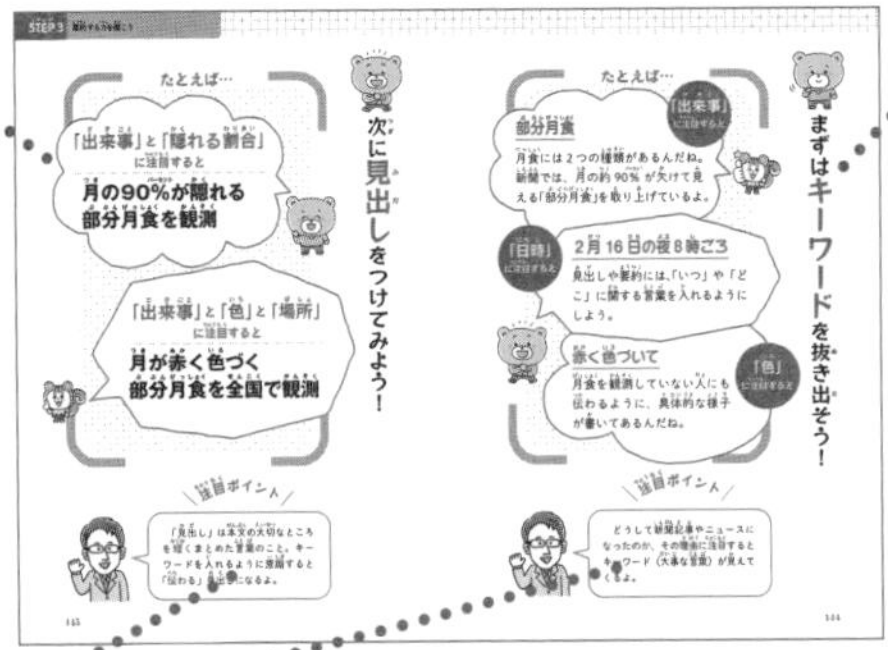

STEP3
まずはキーワードを抜き出そう！
たとえば…
「出来事」に注目すると
部分月食
月食には2つの種類があるんだね。新聞では、月の約90%が欠けて見える「部分月食」を取り上げているよ。
「日時」に注目すると
2月16日の夜8時ごろ
見出しや要約には、「いつ」や「どこ」に関する言葉を入れるようにしよう。
「色」に注目すると
赤く色づいて
月食を観測していない人にも伝わるように、具体的な様子が書いてあるんだね。
注目ポイント
どうして新聞記事やニュースになったのか、その理由に注目するとキーワード（大事な言葉）が見えてくるよ。
次に見出しをつけてみよう！
たとえば…
「出来事」と「隠れる割合」に注目すると
月の90%が隠れる部分月食を観測
「出来事」と「色」と「場所」に注目すると
月が赤く色づく部分月食を全国で観測
注目ポイント
「見出し」は本文の大切なところを短くまとめた言葉のこと。キーワードを入れるように意識すると「伝わる」見出しになるよ。

キーワード

新聞記事《しんぶんきじ》を読《よ》んで、キーワード（文章中《ぶんしょうちゅう》の重要《じゅうよう》な言葉《ことば》）を抜《ぬ》き出《だ》そう。

注目《ちゅうもく》ポイント

見出《みだ》しを考《かんが》えるときのポイントや要約《ようやく》のコツが書《か》いてあるよ。

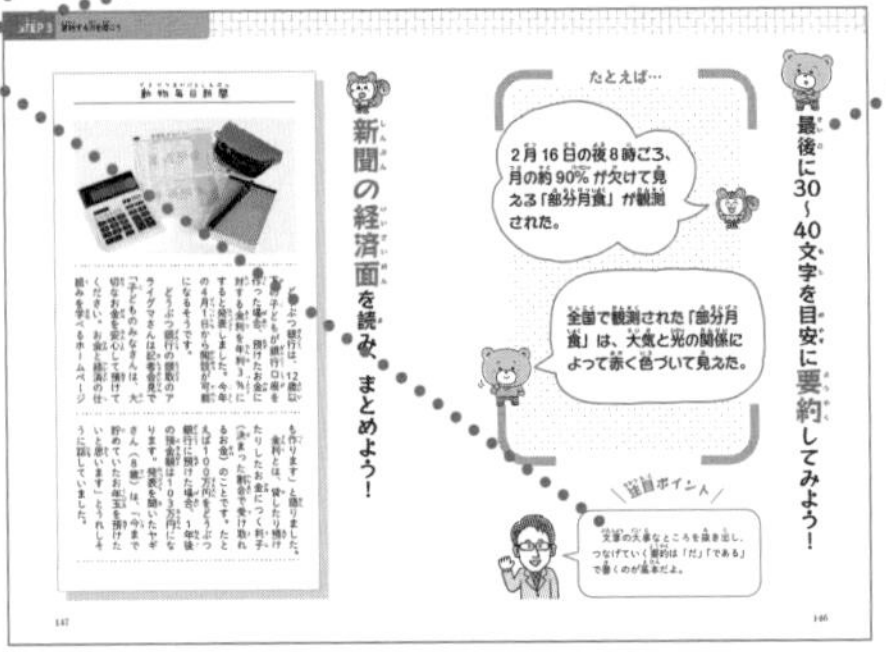

STEP3
動物毎日新聞
新聞の経済面を読み、まとめよう！
最後に30〜40文字を目安に要約してみよう！
たとえば…
2月16日の夜8時ごろ、月の約90%が欠けて見える「部分月食」が観測された。
全国で観測された「部分月食」は、大気と光の関係によって赤く色づいて見えた。
注目ポイント
文章の大事なところを抜き出し、つなげていく要約は「だ」「である」で書くのが基本だよ。

要約《ようやく》

最後《さいご》の仕上《しあ》げに、30〜40文字《もじ》を目安《めやす》にして新聞記事《しんぶんきじ》をまとめてみよう。

読解力《どっかいりょく》は文章《ぶんしょう》だけでなく、会話《かいわ》にも必要《ひつよう》なんだ。STEP《ステップ》4では相手《あいて》の「本当《ほんとう》に伝《つた》えたいこと」を読《よ》み解《と》き、理解《りかい》する力《ちから》を身《み》につけよう。

シチュエーション

どのような状況《じょうきょう》で交《か》わされている会話《かいわ》なのか説明《せつめい》しているよ。キミに考《かんが》えてもらいたいことも書《か》いてあるよ。

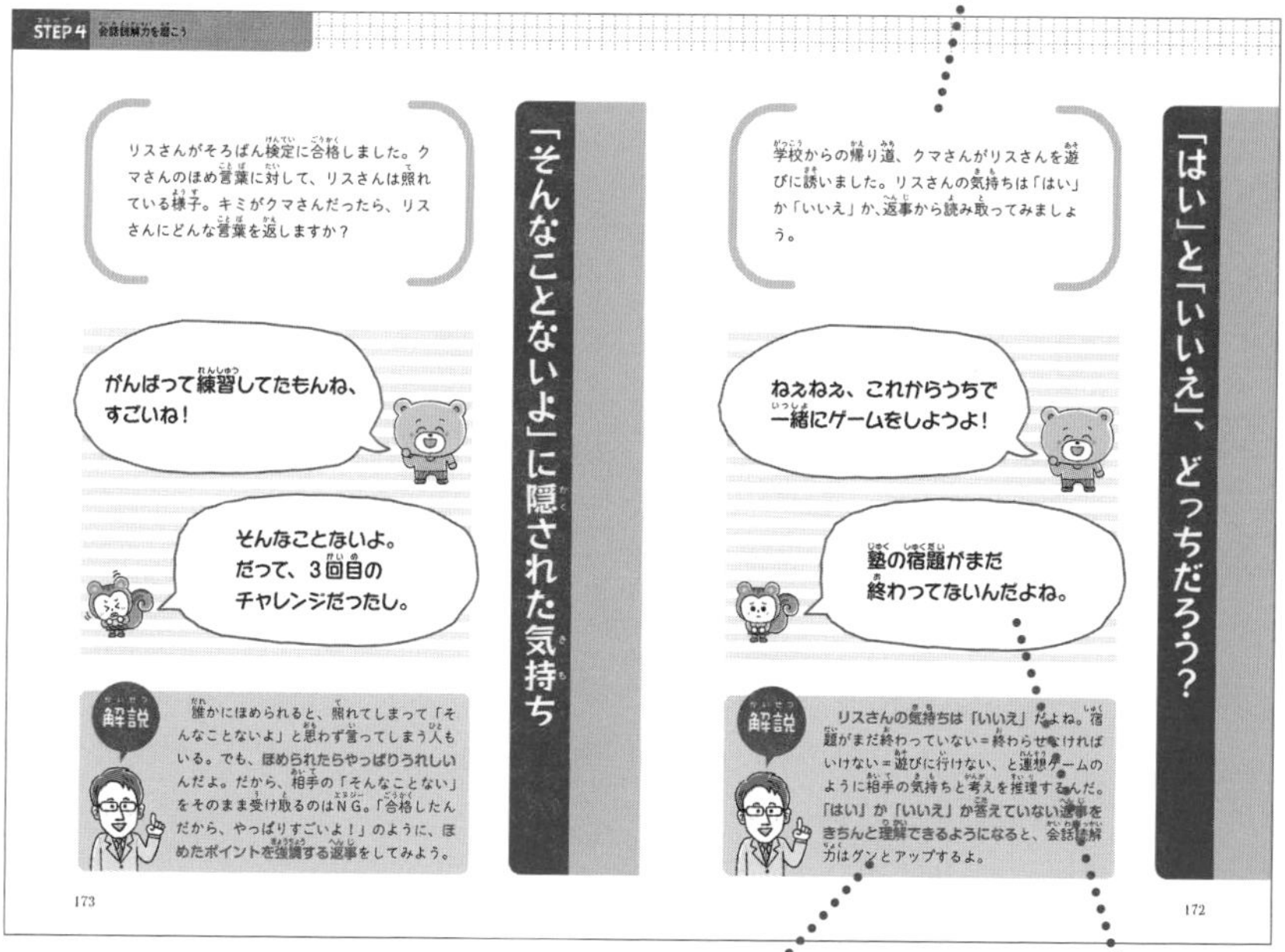

STEP 4 会話読解力を磨こう

「はい」と「いいえ」、どっちだろう？

学校《がっこう》からの帰《かえ》り道《みち》、クマさんがリスさんを遊《あそ》びに誘《さそ》いました。リスさんの気持《きも》ちは「はい」か「いいえ」か、返事《へんじ》から読《よ》み取《と》ってみましょう。

解説《かいせつ》

リスさんの気持《きも》ちは「いいえ」だよね。宿《しゅく》題《だい》がまだ終《お》わっていない＝終わらせなければいけない＝遊《あそ》びに行《い》けない、と連想《れんそう》ゲームのように相手《あいて》の気持《きも》ちと考《かんが》えを推理《すいり》するんだ。「はい」か「いいえ」か答《こた》えていない返事《へんじ》をきちんと理解《りかい》できるようになると、会話《かいわ》読解力はグンとアップするよ。

172

「そんなことないよ」に隠《かく》された気持《きも》ち

リスさんがそろばん検定《けんてい》に合格《ごうかく》しました。クマさんのほめ言葉《ことば》に対《たい》して、リスさんは照《て》れている様子《ようす》。キミがクマさんだったら、リスさんにどんな言葉《ことば》を返《かえ》しますか？

解説《かいせつ》

誰《だれ》かにほめられると、照《て》れてしまって「そんなことないよ」と思《おも》わず言《い》ってしまう人《ひと》もいる。でも、ほめられたらやっぱりうれしいんだよ。だから、相手《あいて》の「そんなことない」をそのまま受《う》け取《と》るのはＮＧ《エヌジー》。「合格《ごうかく》したんだから、やっぱりすごいよ！」のように、ほめたポイントを強調《きょうちょう》する返事《へんじ》をしてみよう。

173

解説《かいせつ》

相手《あいて》がなにを伝《つた》えたいのか、なにを思《おも》っているのかを解説《かいせつ》したよ。

会話《かいわ》

クマさんとリスさんの会話《かいわ》を読《よ》んで、トラブルの原因《げんいん》や言葉《ことば》の意《い》味《み》を考《かんが》えてみよう。

STEP《ステップ》5

インターネットやSNS《エスエヌエス》は、不確《ふたし》かであいまいな情報《じょうほう》であふれている。「これはあやしい」と気付《きづ》けるように、注意《ちゅうい》すべき点《てん》を学《まな》ぼう。

要注意情報《ようちゅういじょうほう》

情報《じょうほう》を受《う》け取《と》るときや発信《はっしん》するときの注意点《ちゅういてん》が挙《あ》げてあるよ。

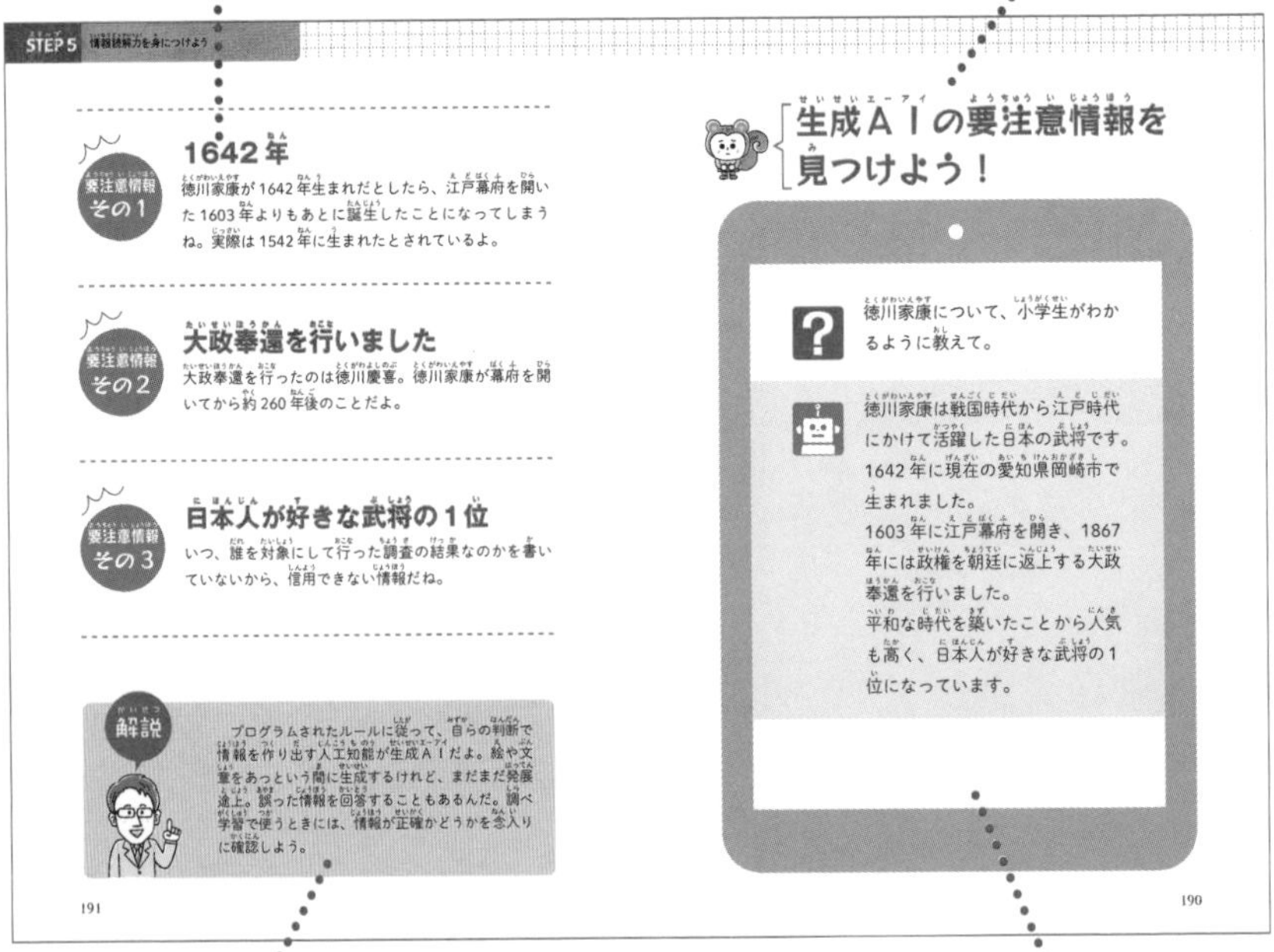

テーマ

ネットニュースやSNS《エスエヌエス》など、そのページで取《と》り上《あ》げる情報《じょうほう》の出《で》どころが書《か》いてあるよ。

STEP《ステップ》5 情報読解力を身につけよう

生成《せいせい》AI《エーアイ》の要注意情報《ようちゅういじょうほう》を見《み》つけよう！

徳川家康《とくがわいえやす》について、小学生《しょうがくせい》がわかるように教《おし》えて。

徳川家康《とくがわいえやす》は戦国時代《せんごくじだい》から江戸時代《えどじだい》にかけて活躍《かつやく》した日本《にほん》の武将《ぶしょう》です。
1642年《ねん》に現在《げんざい》の愛知県岡崎市《あいちけんおかざきし》で生《う》まれました。
1603年《ねん》に江戸幕府《えどばくふ》を開《ひら》き、1867年《ねん》には政権《せいけん》を朝廷《ちょうてい》に返上《へんじょう》する大政奉還《たいせいほうかん》を行《おこな》いました。
平和《へいわ》な時代《じだい》を築《きず》いたことから人気《にんき》も高《たか》く、日本人《にほんじん》が好《す》きな武将《ぶしょう》の1位《い》になっています。

190

要注意情報 その1
1642年《ねん》
徳川家康《とくがわいえやす》が1642年《ねん》生《う》まれだとしたら、江戸幕府《えどばくふ》を開《ひら》いた1603年《ねん》よりもあとに誕生《たんじょう》したことになってしまうね。実際《じっさい》は1542年《ねん》に生《う》まれたとされているよ。

要注意情報 その2
大政奉還《たいせいほうかん》を行《おこな》いました
大政奉還《たいせいほうかん》を行《おこな》ったのは徳川慶喜《とくがわよしのぶ》。徳川家康《とくがわいえやす》が幕府《ばくふ》を開《ひら》いてから約《やく》260年後《ねんご》のことだよ。

要注意情報 その3
日本人《にほんじん》が好《す》きな武将《ぶしょう》の1位《い》
いつ、誰《だれ》を対象《たいしょう》にして行《おこな》った調査《ちょうさ》の結果《けっか》なのかを書《か》いていないから、信用《しんよう》できない情報《じょうほう》だね。

解説
プログラムされたルールに従《したが》って、自《みずか》らの判断《はんだん》で情報《じょうほう》を作《つく》り出《だ》す人工知能《じんこうちのう》が生成《せいせい》AI《エーアイ》だよ。絵《え》や文章《ぶんしょう》をあっという間《ま》に生成《せいせい》するけれど、まだまだ発展《はってん》途上《とじょう》。誤《あやま》った情報《じょうほう》を回答《かいとう》することもあるんだ。調《しら》べ学習《がくしゅう》で使《つか》うときには、情報《じょうほう》が正確《せいかく》かどうかを念入《ねんい》りに確認《かくにん》しよう。

191

解説《かいせつ》

要注意情報《ようちゅういじょうほう》に関《かん》するくわしい説明《せつめい》だよ。

タブレット

キミが使《つか》っているタブレットやスマホの画面《がめん》だと考《かんが》えて読《よ》んでね。

STEP《ステップ》

1

読《よ》み解《と》きウォーミングアップ

文章《ぶんしょう》を「読《よ》み解《と》く」なんて難《むずか》しそう！？
そんな心配《しんぱい》は必要《ひつよう》なし。
短《みじか》い文章《ぶんしょう》を題材《だいざい》に、どんなことが書《か》いてあるのか読解《どっかい》していこう。

先生《せんせい》、このSTEP《ステップ》はどう読《よ》むの？

まずは作品《さくひん》をゆっくり丁寧《ていねい》に読《よ》もう。作品《さくひん》の世界《せかい》に深《ふか》く入《はい》り込《こ》める音《おん》読《どく》もオススメだよ。

次《つぎ》に、作品《さくひん》の下《した》にある「読《よ》み解《と》きクエスチョン」を読《よ》んで答《こた》えを考《かんが》えてね。解答《かいとう》が決《き》まったら、ページをめくって答《こた》え合《あ》わせをしよう！

童《どう》謡《よう》を読《よ》み解《と》こう!

「ぞうさん」

まど・みちお

ぞうさん
ぞうさん
おはなが　ながいのね
そうよ
かあさんも　ながいのよ

ぞうさん
ぞうさん
だれが　すきなの
あのね
かあさんが　すきなのよ

読《よ》み解《と》きクエスチョン

この詩《し》は会話《かいわ》になっているよ。話《はな》しかけられているのは誰《だれ》だろう?

作中《さくちゅう》に出《で》てくる「かあさん」に注目《ちゅうもく》! 誰《だれ》のお母《かあ》さんのことだろうね。

A 子《こ》どものゾウ

ゾウさんって鼻《はな》が長《なが》～いいんだね♪
そうなの～、大《だい》好《す》きなお母《かあ》さんと同《おな》じなの♫

解説《かいせつ》

この歌《うた》は、子《こ》どものゾウが話《はな》しかけられている場面《ばめん》を描《えが》いているよ。話《はな》しかけているのは、ゾウ以外《いがい》の動物《どうぶつ》かな。「鼻《はな》が長《なが》い」という特徴《とくちょう》をからかっているんだけど、子《こ》どものゾウは「大好《だいす》きなお母《かあ》さんも鼻《はな》が長《なが》いんだよ」と誇《ほこ》らしげに返《かえ》している。作者《さくしゃ》の「生《い》き物《もの》や人間《にんげん》が個性《こせい》を持《も》たされて生《い》かされていることは、本当《ほんとう》に素晴《すば》らしい」というメッセージが込《こ》められているんだよ。

童謡《どうよう》を読《よ》み解《と》こう!

「春《はる》の小川《おがわ》」

高野辰之《たかのたつゆき》

春《はる》の小川《おがわ》は　さらさら行《ゆ》くよ
岸《きし》のすみれや　れんげの花《はな》に
すがたやさしく　色《いろ》うつくしく
咲《さ》いているねと　ささやきながら

春《はる》の小川《おがわ》は　さらさら行《ゆ》くよ
えびやめだかや　小《こ》ぶなのむれに
今日《きょう》も一日《いちにち》　ひなたでおよぎ
遊《あそ》べ遊《あそ》べと　ささやきながら

読《よ》み解《と》きクエスチョン

Q 小川《おがわ》が「ささやく」とは、どういうことだろう?

「さらさら」はどんな様子《ようす》を表《あらわ》すときに使《つか》う言葉《ことば》かな?

ささやいている
みたいだね
さらさら
さらさら
さらさら

A

小川《おがわ》が音《おと》を立《た》てて流《なが》れている

解説《かいせつ》

「さらさら」は、浅《あさ》い川《かわ》の水《みず》が小石《こいし》などにあたりながら流《なが》れる音《おと》を表現《ひょうげん》するときに使《つか》う言葉《ことば》だよ。春《はる》の小川《おがわ》がさらさらと音《おと》を立《た》てて軽《かろ》やかに流《なが》れている様子《ようす》を、作者《さくしゃ》はまるで小川《おがわ》がささやいているように感《かん》じているんだね。このように、人《ひと》ではないものを人《ひと》にたとえて表現《ひょうげん》する方法《ほうほう》を「擬《ぎ》人法《じんほう》」と呼《よ》ぶよ。詩《し》や小説《しょうせつ》を読《よ》み解《と》くには、擬人法《ぎじんほう》をはじめとする「たとえ」に注目《ちゅうもく》することも大事《だいじ》だよ。

童《どう》謡《よう》を読《よ》み解《と》こう！

「うれしいひなまつり」　サトウハチロー

一《いち》、あかりをつけましょ　ぼんぼりに
お花《はな》をあげましょ　桃《もも》の花《はな》
五人《ごにん》ばやしの　笛太鼓《ふえたいこ》
今日《きょう》はたのしい　ひなまつり

四《よん》、着物《きもの》を着《き》かえて　帯《おび》しめて
今日《きょう》は私《わたし》も　晴姿《はれすがた》
春《はる》の弥生《やよい》の　このよき日《ひ》
なによりうれしい　ひなまつり

読《よ》み解《と》きクエスチョン

ひな祭《まつ》りの別名《べつめい》は「○の節句《せっく》」、昔《むかし》の言葉《ことば》で3月《がつ》は「△△」。それぞれに当《あ》てはまる言葉《ことば》はなんだろう？

答《こた》えは歌詞《かし》の中《なか》にあるよ。探《さが》し出《だ》してみよう！

A

桃《もも》の節句《せっく》・弥生《やよい》

3月3日《がつみっか》のひな祭《まつ》りは、おひな様《さま》を飾《かざ》って女《おんな》の子《こ》の健康《けんこう》と成長《せいちょう》を願《ねが》う行事《ぎょうじ》だね。昔《むかし》は桃《もも》の花《はな》の咲《さ》くころ（今《いま》の4月《がつ》ごろ）に行《おこな》われていたから、「桃《もも》の節句《せっく》」とも呼《よ》ぶよ。

また、日本《にほん》には古《ふる》くから伝《つた》わる月《つき》の呼《よ》び名《な》があって、詩《し》や俳句《はいく》、和歌《わか》などでも使《つか》われているんだ。1月《がつ》から順《じゅん》に「睦月《むつき》・如月《きさらぎ》・弥生《やよい》・卯月《うづき》・皐月《さつき》・水無月《みなづき》・文月《ふみづき》・葉月《はづき》・長月《ながつき》・神無月《かんなづき》・霜月《しもつき》・師走《しわす》」だから覚《おぼ》えておこう。

童謡《どうよう》を読《よ》み解《と》こう！

「あめふり」

北原白秋《きたはらはくしゅう》

あめあめ　ふれふれ　かあさんが
じゃのめで　おむかい　うれしいな
ぴっちぴっち　ちゃっぷちゃっぷ
らんらんらん

読《よ》み解《と》きクエスチョン

「じゃのめ」ってなんのことだろう？

タイトルや詩《し》にもあるように、雨《あめ》が降《ふ》っているときに使《つか》うものだよ。

A

かさ（蛇《じゃ》の目《め》がさ）

解説《かいせつ》

「じゃのめ」は漢字《かんじ》で書《か》くと「蛇《じゃ》の目《め》」。文字通《もじどお》り、幅《はば》の太《ふと》い輪《わ》をヘビの目《め》に見立《みた》てた、昔《むかし》ながらの文様《もんよう》のことだよ。さらには、蛇《じゃ》の目文様《めもんよう》をあしらった和式《わしき》のかさのことも「蛇《じゃ》の目《め》」と呼《よ》ぶんだ。この詩《し》が書《か》かれた100年前《ねんまえ》の日本《にほん》では竹《たけ》や和紙《わし》で作《つく》ったかさが使《つか》われていて、蛇《じゃ》の目《め》がさは女性《じょせい》がさすものだったんだよ。だからこの詩《し》のお母《かあ》さんは、蛇《じゃ》の目《め》がさをさしてお迎《むか》えに来《き》たんだね。

手《て》まり歌《うた》を読《よ》み解《と》こう！

「いちじくにんじん」

※作者不詳《さくしゃふしょう》

いちじく　にんじん
さんしょで　しいたけ
ごぼうで　むかご
ななくさ　はくさい
きゅうりで　とうがん

※作者《さくしゃ》がわからない

読《よ》み解《と》きクエスチョン

歌詞《かし》に登場《とうじょう》するものすべてに当《あ》てはまることと、順番《じゅんばん》の意味《いみ》を考《かんが》えてみよう。

「手《て》まり歌《うた》」は、手《て》まり（ボール）をついて遊《あそ》ぶときに歌《うた》うよ。

A

食《た》べ物《もの》（もしくは植物《しょくぶつ》）が数《かず》の順《じゅん》にしたがって出《で》てくる

いちじく
にんじん
さんしょ(う)
しいたけ
ごぼう
むかご
ななくさ
はくさい
きゅうり
とうがん

解説《かいせつ》

次々《つぎつぎ》と登場《とうじょう》する歌詞《かし》の頭《あたま》の文字《もじ》を並《なら》べていくと「いち、に、さん、し……」となるね。「いちじく　にんじん」は、手《て》まり（ボール）をつくリズムに合《あ》わせて歌《うた》うと、ついた数《かず》がわかる仕掛《しか》けになっているんだ。むかごがむくろじ（木《き》の実《み》の一種《いっしゅ》）、はくさいがはつたけ（きのこの一種《いっしゅ》）になっているバージョンもあるよ。魚《さかな》の名前《なまえ》や地名《ちめい》などを使《つか》って、オリジナルの手《て》まり歌《うた》を作《つく》ってみよう！

童謡《どうよう》を読《よ》み解《と》こう！

「こいのぼり」

近藤宮子《こんどうみやこ》

やね　より　たかい　こいのぼり
おおきい　まごい　は　おとうさん
ちいさい　ひごい　は　こどもたち
おもしろそう　に　およいでる

読《よ》み解《と》きクエスチョン

こいのぼりが「およいでいる」というのは、どういう意味《いみ》だろう？

こいのぼりは自分《じぶん》の力《ちから》ではなく、なにの力《ちから》で泳《およ》ぐかな？

A

風《かぜ》に吹《ふ》かれてはためいている

5月《がつ》5日《いつか》の「こどもの日《ひ》（端午《たんご》の節句《せっく》）」が近《ちか》づくと、あちこちでこいのぼりを見《み》かけるようになるね。こいのぼりは男《おとこ》の子《こ》の健康《けんこう》と成長《せいちょう》を願《ねが》う縁起物《えんぎもの》だよ。「まごい（真《ま》鯉《ごい》）」は黒《くろ》の鯉《こい》を、「ひごい（緋鯉《ひごい》）」は赤色《あかいろ》をはじめ色《いろ》のついた鯉《こい》を意味《いみ》するんだ。

青空《あおぞら》の下《もと》、強《つよ》い風《かぜ》に吹《ふ》かれてこいのぼりがはためく様子《ようす》は、勢《いきお》いよく水中《すいちゅう》を泳《およ》いでいるようにも見《み》えるよね。

童謡《どうよう》を読《よ》み解《と》こう!

「富士山《ふじさん》」　巌谷小波《いわやさざなみ》

一《いち》、あたまを雲《くも》の上《うえ》に出《だ》し
四方《しほう》の山《やま》を見《み》おろして
□さまを下《した》に聞《き》く
富士《ふじ》は日本一《にっぽんいち》の山《やま》

二《に》、青空高《あおぞらたか》くそびえ立《た》ち
からだに雪《ゆき》の着物《きもの》着《き》て
霞《かすみ》のすそを遠《とお》く曳《ひ》く
富士《ふじ》は日本一《にっぽんいち》の山《やま》

読《よ》み解《と》きクエスチョン

□に入《はい》る言葉《ことば》はどれだろう?

1 かみなり
2 おじぞう
3 おつかれ

「下《した》に聞《き》く」は「下《した》から聞《き》こえてくる」といった意味《いみ》合《あ》いだよ。

A

❶ かみなり

解説《かいせつ》

日本一《にっぽんいち》の高《たか》さを誇《ほこ》る富士山《ふじさん》の姿《すがた》を描写《びょうしゃ》している歌《うた》だね。富士山《ふじさん》を人《ひと》に見立《みた》てて頂上《ちょうじょう》を「あたま」、山全体《やまぜんたい》を「からだ」と表現《ひょうげん》していて面白《おもしろ》い。頂《ちょう》上《じょう》は雲《くも》の上《うえ》にあるから、雷鳴《らいめい》（かみなりさま）も下《した》から聞《き》こえてくるんだ。二番《にばん》の「霞《かすみ》のすそを遠《とお》く曳《ひ》く」は、富士《ふじ》山《さん》の裾野《すその》に霞《かすみ》がたなびいている様子《ようす》を表《あらわ》しているよ。一番《いちばん》は富士山《ふじさん》の高《たか》さが、二番《にばん》は富《ふ》士山《じさん》の美《うつく》しさが日本一《にっぽんいち》だとほめ称《たた》えているんだね。

童謡《どうよう》を読《よ》み解《と》こう！

「茶摘《ちゃつみ》」　作者不詳《さくしゃふしょう》

夏《なつ》も近《ちか》づく八十八夜《はちじゅうはちや》
野《の》にも山《やま》にも若葉《わかば》が茂《しげ》る
「あれに見《み》えるは茶摘《ちゃつみ》ぢゃないか
あかねだすきに菅《すげ》の笠《かさ》」

読《よ》み解《と》きクエスチョン

歌詞《かし》で描《えが》かれているのは何月《なんがつ》ごろの景色《けしき》だろう？

❶ 3月《がつ》
❷ 5月《がつ》
❸ 7月《がつ》

季節《きせつ》を示《しめ》す歌詞《かし》は、どれにあたるかな？

A

② 5月《がつ》

解説《かいせつ》

この歌《うた》の季節《きせつ》を読《よ》み解《と》くうえでヒントになるのは「夏《なつ》も近《ちか》づく八十八夜《はちじゅうはちや》」と「若葉《わかば》が茂《しげ》る」だね。「八十八夜《はちじゅうはちや》」は立春《りっしゅん》から数《かぞ》えて八十八日《はちじゅうはちにち》目《め》（5月《がつ》2日《ふつか》ごろ）。この時《じ》期《き》は気温《きおん》も高《たか》くなって、植物《しょくぶつ》がぐんぐんと生長《せいちょう》するよね。お茶《ちゃ》の原料《げんりょう》である茶《ちゃ》の木《き》も同《おな》じで、その年《とし》に生《は》えた若葉《わかば》を収穫《しゅうかく》する「茶摘《ちゃつみ》」の最盛期《さいせいき》でもあるんだ。この歌《うた》に合《あ》わせた手遊《てあそ》びもあるから、ぜひやってみてね。

童《どう》謡《よう》を読《よ》み解《と》こう!

「赤《あか》とんぼ」

三木《みき》露風《ろふう》

夕焼《ゆうや》け　小焼《こや》けの
あかとんぼ
負《お》われて見《み》たのは
いつの日《ひ》か

読《よ》み解《と》きクエスチョン

3行目《ぎょうめ》にある「負《お》われて見《み》た」をほかの言葉《ことば》で言《い》い換《か》えられるかな?

「負《お》う」には「なにかを背《せ》中《なか》や肩《かた》にのせる」という意《い》味《み》があるよ。

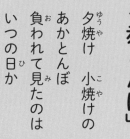

A

背負《せお》われながら見《み》た・おんぶされながら見《み》た

解説《かいせつ》

「赤《あか》とんぼ」は作者《さくしゃ》が32歳《さい》のときに書《か》いた詩《し》だよ。飛《と》んでいる赤《あか》とんぼを見《み》ていたらよみがえってきた、小《ちい》さなころの思《おも》い出《で》を描《えが》いているんだ。だから、詩《し》の中《なか》の作者《さくしゃ》は自分《じぶん》の足《あし》で歩《ある》かずに、おんぶしてもらっているんだね。

この詩《し》は「夕焼《ゆうや》け空《ぞら》に赤《あか》とんぼが飛《と》んでいる。おんぶされながら私《わたし》が赤《あか》とんぼを見《み》たのは、いつごろだったのかなぁ」といった意味合《いみあ》いになるよ。

童《どう》謡《よう》を読《よ》み解《と》こう！

「ちいさい秋《あき》みつけた」　サトウハチロー

誰《だれ》かさんが　誰《だれ》かさんが　誰《だれ》かさんが　みつけた
ちいさい秋《あき》　ちいさい秋《あき》　ちいさい秋《あき》　みつけた
めかくし鬼《おに》さん　手《て》のなる方《ほう》へ
すましたお耳《みみ》に　かすかにしみた
よんでる口笛《くちぶえ》　もずの声《こえ》
ちいさい秋《あき》　ちいさい秋《あき》　ちいさい秋《あき》　みつけた

読《よ》み解《と》きクエスチョン

「誰《だれ》かさん」が見《み》つけた「ちいさい秋《あき》」は、どの歌詞《かし》のことだろう？

秋《あき》の季語《きご》にもなっている言《こと》葉《ば》だよ。

A

もずの声《こえ》

解説《かいせつ》

体長《たいちょう》20 cm《センチメートル》 ほどの鳥《とり》であるモズは、秋《あき》になると自分《じぶん》のなわばりを守《まも》るために鋭《するど》く高《たか》い声《こえ》で「キィーキィー」「キチキチキチ」などと鳴《な》くんだ。歌詞《かし》の「誰《だれ》かさん」はめかくしをして周囲《しゅうい》の音《おと》に気《き》を配《くば》っていたからこそ、モズの鳴《な》き声《ごえ》に気《き》付《づ》いたんだね。

季節《きせつ》はやって来《く》るものではなく、見《み》つけるものだと考《かんが》えると味《あじ》わい深《ぶか》いよね。秋《あき》に限《かぎ》らず、身《み》の回《まわ》りのちいさな季《き》節《せつ》を見《み》つけてみよう。

童謡《どうよう》を読《よ》み解《と》こう！

「　　」

千家尊福《せんげたかとみ》

年《とし》のはじめの　※例《ためし》とて
終《おわ》りなき世《よ》の　めでたさを
松竹《まつたけ》たてて　門《かど》ごとに
いは《わ》ふ《う》今日《きょう》こそ　たのしけれ

※以前《いぜん》にあったことがら、ならわし

読《よ》み解《と》きクエスチョン

ズバリ！　この童謡《どうよう》のタイトルはどれ？

❶ お誕生日《たんじょうび》
❷ 祝《いわ》いの日《ひ》
❸ 一月一日《いちがついちじつ》

「松竹《まつたけ》たてて　門《かど》ごとに」は家《いえ》の門《もん》に門松《かどまつ》を飾《かざ》ることを意味《いみ》しているよ。

A

③ 一《いち》月《がつ》一《いち》日《じつ》

解説《かいせつ》

「一月一日《いちがついちじつ》」は今《いま》から約《やく》130年前《ねんまえ》に発表《はっぴょう》された、お正月《しょうがつ》をお祝《いわ》いする歌《うた》だよ。ずいぶん昔《むかし》の歌《うた》だから、言葉《ことば》の使《つか》い方《かた》が今《いま》と少《すこ》し違《ちが》うよね。

でも、「明《あ》けましておめでとうございます」と挨拶《あいさつ》してお正月《しょうがつ》をみんなで祝《いわ》う楽《たの》しい気持《きも》ちや、門松《かどまつ》や鏡餅《かがみもち》などの正月飾《しょうがつかざ》りを飾《かざ》る風習《ふうしゅう》は、令《れい》和《わ》と少《すこ》しも変《か》わらない。こういった日本《にほん》ならではの歌《うた》や文《ぶん》化《か》を大切《たいせつ》にしていきたいよね。

童謡《どうよう》を読《よ》み解《と》こう!

「雪《ゆき》」 作者不詳《さくしゃふしょう》

雪《ゆき》やこんこ霰《あられ》やこんこ
降《ふ》っては降《ふ》ってはづ《ず》んづ《ず》ん積《つも》る
山《やま》も野原《のはら》も綿帽子《わたぼうし》かぶり
枯木《かれき》残《のこ》らず花《はな》が咲《さ》く

読《よ》み解《と》きクエスチョン

「枯木《かれき》残《のこ》らず花《はな》が咲《さ》く」ってどういうことだろう。説明《せつめい》できるかな?

雪《ゆき》が降《ふ》る冬《ふゆ》になると、多《おお》くの木々《きぎ》は葉《は》っぱが落《お》ちて枯《か》れたように見《み》えるよね。

A
木《き》の枝《えだ》に雪《ゆき》が積《つ》もって、まるで花《はな》が咲《さ》いているように見《み》えること

解説《かいせつ》

雪《ゆき》が降《ふ》り積《つ》もるとワクワクするよね！「雪《ゆき》」はそんなうれしい気持《きも》ちにぴったりの童《どう》謡《よう》だ。詩《し》の中《なか》に登場《とうじょう》する「綿《わた》帽子《ぼうし》」は綿《わた》で作《つく》ったかぶりものを意味《いみ》する言葉《ことば》だけれど、山《やま》や木《き》の上《うえ》に積《つ》もった雪《ゆき》のたとえにも使《つか》うよ。「綿帽子《わたぼうし》かぶり」も「花《はな》が咲《さ》く」も、雪《ゆき》が降《ふ》り積《つ》もった様子《ようす》を表《あらわ》しているんだね。「雪《ゆき》やこんこ霰《あられ》やこんこ」の「こんこ」は、しきりに雪《ゆき》が降《ふ》るさまを表現《ひょうげん》する擬態語《ぎたいご》だといわれているよ。

詩《し》を読《よ》み解《と》こう!

「ひばりのす」

木下夕爾《きのしたゆうじ》

ひばりのす
みつけた
まだたれも知《し》らない

あそこだ
水車小屋《すいしゃごや》のわき
しんりょうしょの赤《あか》い屋根《やね》のみえる
あのむぎばたけだ

小《ちい》さいたまごが
五《いつ》つならんでる
まだたれにもいわない

読《よ》み解《と》きクエスチョン

どうして作者《さくしゃ》は、たまご（卵《たまご》）のことを「まだたれ（誰《だれ》）にもいわない」んだろう?

作者《さくしゃ》にとって、ひばりの巣《す》はどんな存在《そんざい》なのかな?

A

例《れい》

秘密《ひみつ》にしておきたいから・見守《みまも》りたいと思《おも》ったから

解説《かいせつ》

作者《さくしゃ》がひばりの巣《す》を見《み》つけたことは「まだだれも知《し》らない」と書《か》いてあるね。つまり、自分《じぶん》だけの秘密《ひみつ》なんだ。秘《ひ》密《みつ》ってなんだかワクワクするし、人《ひと》には教《おし》えたくないよね。作者《さくしゃ》もきっと、ひばりの巣《す》を知《し》られたくないと考《かんが》えたんじゃないかな。

それに巣《す》の中《なか》には小《ちい》さな卵《たまご》が5つも並《なら》んでいる。誰《だれ》かに教《おし》えて壊《こわ》されることのないように、そっと見守《みまも》りたいと思《おも》ったのかもしれないね。

詩《し》を読《よ》み解《と》こう!

「木《き》」 金子《かねこ》みすゞ《ず》

小鳥《ことり》は
小枝《こえだ》のてっぺんに、
子供《こども》は
木《こ》かげの鞦韆《ぶらんこ》に、
小《ち》ちゃな葉《は》っぱは
芽《め》のなかに。

あの木《き》は、
あの木《き》は、
うれしかろ。

読《よ》み解《と》きクエスチョン

どうして作者《さくしゃ》は木《き》が「うれしいだろうな」と感《かん》じたんだろう?

木《き》の気持《きも》ちになって、詩《し》の前半部《ぜんはんぶ》を読《よ》み返《かえ》してみよう。

A

例《れい》

小鳥《ことり》や子《こ》どもの遊《あそ》び場《ば》になったり、葉《は》っぱを育《はぐく》んだり、木《き》が役《やく》に立《た》っているから

解説《かいせつ》

一緒《いっしょ》に遊《あそ》んでいる相手《あいて》が喜《よろこ》んでいると、自分《じぶん》もうれしいよね。お手伝《てつだ》いをして、誰《だれ》かに喜《よろこ》んでもらうのもうれしい。こういった心《こころ》の動《うご》きは、物言《ものい》わぬ木《き》にもあると作者《さくしゃ》は想像《そうぞう》したんだね。

生《い》きていくための支《ささ》えとなる目標《もくひょう》や張《は》り合《あ》いを「生《い》きがい」と表現《ひょうげん》するけれど、この木《き》にとっては自分《じぶん》が役《やく》に立《た》つことが生《い》きがいなのかもね。キミにとっての生《い》きがいはなんだろう?

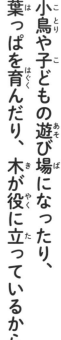

詩《し》を読《よ》み解《と》こう!

「雨《あめ》と木《こ》のは」

田《た》中《なか》千《ち》鳥《どり》

こぼれるような
雨《あめ》がふる
木《こ》のは　と雨《あめ》が
なんだかはなしを
するや《よ》うだ
山《やま》もたんぼも雨《あめ》ばかり
びっしょりぬれて
うれしさ《そ》う

大正十三年四月《たいしょうじゅうさんねんしがつ》
七歳《ななさい》

読《よ》み解《と》きクエスチョン

「こぼれるや《よ》うな雨《あめ》」に当《あ》てはまる雨《あめ》はどれかな?

1 ゲリラ豪雨《ごうう》
2 春雨《はるさめ》
3 台風《たいふう》

それぞれの雨《あめ》が降《ふ》る時期《じき》を考《かんが》えてみよう!

A

② 春雨《はるさめ》

「雨《あめ》と木《こ》のは」は、雨《あめ》が大好《だいす》きな7歳《さい》の女《おんな》の子《こ》が書《か》いた詩《し》だよ。雨粒《あまつぶ》と雨《あめ》に打《う》たれて揺《ゆ》れる木《こ》の葉《は》が「話《はなし》をしているようだ」と感《かん》じたり、雨《あめ》にぬれた景色《けしき》を「うれしそう」と観察《かんさつ》したりしている。雨《あめ》と聞《き》くと「面倒《めんどう》だな」などと思《おも》いがちだけれど、決《けっ》して悪《わる》いものじゃないと気付《きづ》かせてくれるね。「大正十三年四月《たいしょうじゅうさんねんしがつ》」とあるから、この雨《あめ》は静《しず》かに細《こま》かく降《ふ》る春雨《はるさめ》だ。植物《しょくぶつ》を育《そだ》てる恵《めぐ》みの雨《あめ》でもあるね。

詩《し》を読《よ》み解《と》こう！

「雲《くも》」 山村暮鳥《やまむらぼちょう》

おうい雲《くも》よ
ゆうゆうと※1
馬鹿《ばか》にのんきさ《そ》うぢ《じ》やないか
どこまでゆくんだ
ずっと※2磐城平《いわきたいら》の方《ほう》までゆくんか

※1 ゆったりと落《お》ち着《つ》いている様子《ようす》
※2 福島県《ふくしまけん》いわき市《し》の地名《ちめい》

読《よ》み解《と》きクエスチョン

作者《さくしゃ》はどんな気持《きも》ちで雲《くも》に呼《よ》びかけているのか、考《かんが》えてみよう。

「馬鹿《ばか》に」や「非常《ひじょう》に」は「たいそう」といった意味《いみ》合《あ》いの言葉《ことば》だよ。

A

例《れい》

あこがれの気持《きも》ち・うらやましいと思《おも》う気持《きも》ち

解説《かいせつ》

ただ眺《なが》めるのではなく、まるで友達《ともだち》のように雲《くも》に呼《よ》びかけている点《てん》がこの詩《し》の面白《おもしろ》いところだね。

大空《おおぞら》をゆったりと流《なが》れていく雲《くも》に、作者《さくしゃ》は「自由《じゆう》」を感《かん》じたんだ。「自分《じぶん》もどこかへ行《い》ってみたいなぁ」という、あこがれやうらやましさを感《かん》じる一方《いっぽう》で、のんびりとした雲《くも》の様子《ようす》に慰《なぐさ》められてもいるんだね。雲《くも》には人《ひと》が抱《かか》えているイライラやモヤモヤを軽《かる》くする力《ちから》があるんだよ。

詩《し》を読《よ》み解《と》こう！

「草《くさ》に　すわる」　八《や》木《ぎ》重吉《じゅうきち》

わたしの　まちがひ《い》だった
わたしのまちがひ《い》だった
こうして　草《くさ》にすわれば　それがわかる

読《よ》み解《と》きクエスチョン

どうして作者《さくしゃ》は自分《じぶん》が間違《まちが》っていたとわかったんだろう？

怒《おこ》ったり悲《かな》しんだり、興奮《こうふん》しているときには気付《きづ》けないよね。

A

草《くさ》に座《すわ》って気持《きも》ちが落《お》ち着《つ》いたから

解説《かいせつ》

誰《だれ》にだってミスはあるけれど、そのミスを認《みと》めることが難《むずか》しいときもあるよね。怒《いか》りや恥《は》ずかしさで気持《きも》ちが高《たか》ぶっているときはなおさらだ。作者《さくしゃ》は草《くさ》の上《うえ》に座《すわ》って深呼《しんこ》吸《きゅう》をしたんだろう。ひと息《いき》ついて落《お》ち着《つ》きを取《と》り戻《もど》し、自《じ》分《ぶん》の行動《こうどう》を振《ふ》り返《かえ》った結果《けっか》、間違《まちが》っていたことを素直《すなお》に受《う》け入《い》れられたんだね。

もし間違《まちが》いを指摘《してき》されてかっとなったら、キミも深呼《しんこ》吸《きゅう》をしてみよう。

詩《し》を読《よ》み解《と》こう！

「雪《ゆき》」　三好達治《みよしたつじ》

太郎《たろう》を眠《ねむ》らせ、太郎《たろう》の屋根《やね》に雪《ゆき》ふりつむ。※
次郎《じろう》を眠《ねむ》らせ、次郎《じろう》の屋根《やね》に雪《ゆき》ふりつむ。

※降《ふ》り積《つ》もる

読《よ》み解《と》きクエスチョン

太郎《たろう》と次郎《じろう》を眠《ねむ》らせたのは、誰《だれ》だろう？　もしくはなんだろう？

この問題《もんだい》の答《こた》えはいくつも考《かんが》えられるよ。

A

例《れい》

天《てん》・神様《かみさま》・家《いえ》・親《おや》・雪《ゆき》など

解説《かいせつ》

たった2行《ぎょう》の詩《し》なのに、雪《ゆき》夜《よ》の静《しず》けさと太郎《たろう》と次郎《じろう》の安《あん》心感《しんかん》が伝《つた》わってくるね。ふたりを眠《ねむ》らせたのは、誰《だれ》（なに）なのか。この詩《し》はさまざまな解釈《かいしゃく》ができることでも有名《ゆうめい》だよ。寝《ね》かしつけをしたお父《とう》さんやお母《かあ》さんかもしれないし、降《ふ》り積《つ》もる雪《ゆき》かもしれない。もしくはもっと大《おお》きな、「天《てん》」とか「神様《かみさま》」といった存在《そんざい》だとも考《かんが》えられる。情景《じょうけい》を想像《そうぞう》しながら、ほかの読解《どっかい》にも挑《ちょう》戦《せん》しよう。

詩《し》を読《よ》み解《と》こう！

「山《やま》のあなた」

カール・ブッセ（訳《やく》・上田敏《うえだびん》）

山《やま》のあなた※1の空遠《そらとお》く
「幸《さいわい》」住《す》むと人《ひと》のいふ《う》。
噫《ああ》、われひとと※2尋《と》めゆきて、
※3涙《なみだ》さしぐみかへ《え》りきぬ。
山《やま》のあなたになほ《お》遠《とお》く
「幸《さいわい》」住《す》むと人《ひと》のいふ《う》。

※1 遠《とお》く離《はな》れた方《ほう》、あちら
※2 尋《たず》ねていって
※3 目《め》に涙《なみだ》を浮《う》かべる

読《よ》み解《と》きクエスチョン

幸《さいわい》にカギカッコをつけた理由《りゆう》はなんだろう？

❶ 会話文《かいわぶん》だから
❷ 「あなた」の名前《なまえ》だから
❸ 「幸《さいわい》」を人《ひと》のようにとらえているから

【「幸《さいわい》」住《す》む】は擬人法《ぎじんほう》（人《ひと》でないものを人《ひと》にたとえる表現法《ひょうげんほう》）を用《もち》いた表現《ひょうげん》だね。

A

③「幸《さいわい》」を人《ひと》のようにとらえているから

あの山《やま》の向《む》こうに幸《しあわ》せが住《す》む場《ば》所《しょ》があるそうじゃ
本当《ほんとう》に!?
行《い》ってみようよ

解説《かいせつ》

明治時代《めいじじだい》に翻訳《ほんやく》された「山《やま》のあなた」は言葉《ことば》づかいが難《むずか》しいね。山《やま》の向《む》こうに存在《そんざい》するといわれている幸《しあわ》せがある場《ば》所《しょ》を探《さが》したけれど、見《み》つからなくて泣《な》きながら帰《かえ》ってきた、という内容《ないよう》なんだ。「幸《しあわ》せが住《す》む」という擬人法《ぎじんほう》を強調《きょうちょう》するために、カギカッコがついているよ。

童話《どうわ》の「青《あお》い鳥《とり》」でも描《えが》かれているように、幸《しあわ》せは遠《とお》くにあるように見《み》えて、自分《じぶん》の近《ちか》くにあるものなんだよ。

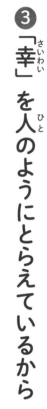

俳《はい》句《く》を読《よ》み解《と》こう!

閑《しずか》さや岩《いわ》にしみ入《いる》蝉《せみ》の声《こえ》

松《まつ》尾《お》芭《ば》蕉《しょう》

読《よ》み解《と》きクエスチョン

どうして蝉《せみ》の声《こえ》が聞《き》こえているのに、「しずか」なんだろう?

「閑《しずか》」は、物音《ものおと》が聞《き》こえない静《しず》かさのほかに、のんびりした様子《ようす》を表《あらわ》す字《じ》だよ。

A

蝉《せみ》の声《こえ》しか聞《き》こえないほど、自分《じぶん》の周《まわ》りも自分《じぶん》の心《こころ》もおだやかで静《しず》かだから

解説《かいせつ》

　これは江戸《えど》時代《じだい》の俳人《はいじん》・松《まつ》尾芭蕉《おばしょう》が山《やま》の上《うえ》にあるお寺《てら》でニイニイゼミの鳴《な》き声《ごえ》を聞《き》いて詠《よ》んだ俳句《はいく》だよ。「しずかだ」というのは、つじつまが合《あ》わないように感《かん》じるね。

　この俳句《はいく》を詠《よ》んだお寺《てら》はたくさんの木々《きぎ》に囲《かこ》まれた、とてものどかな場所《ばしょ》なんだ。蝉《せみ》の声《こえ》しか聞《き》こえてこないほど周囲《しゅうい》に人影《ひとかげ》がなく静《しず》かなことと、その場《ば》にいる芭蕉《ばしょう》自《じ》身《しん》のゆったりとした静《しず》かな心《こころ》持《も》ちを表現《ひょうげん》しているんだね。

俳句《はいく》を読《よ》み解《と》こう！

夏河《なつかわ》を越《こ》すうれしさよ手《て》に草履《ぞうり》

与謝蕪村《よさぶそん》

読《よ》み解《と》きクエスチョン

どうして作者《さくしゃ》は「うれしい」と感《かん》じているんだろう？

手《て》に草履《ぞうり》を持《も》っているということは、裸足《はだし》になっているんだね。

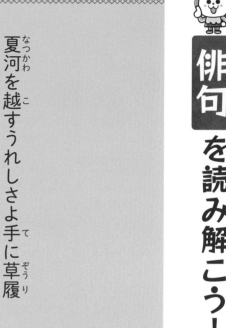

A

例《れい》

川《かわ》の水《みず》が冷《つめ》たくて心地《ここち》よいから・子《こ》どものころを思《おも》い出《だ》しているから

解説《かいせつ》

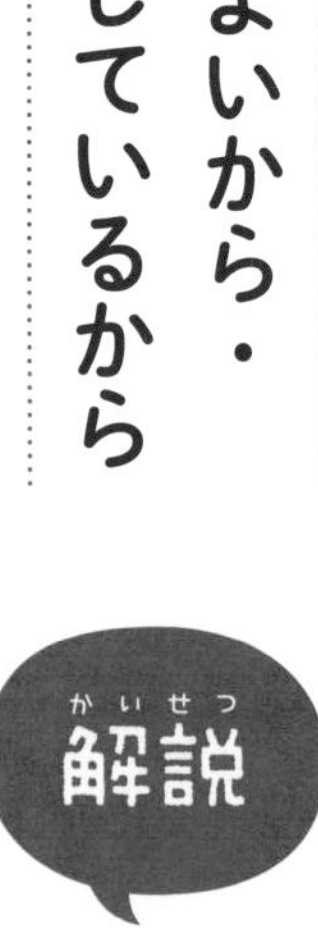

これは、夏《なつ》の川《かわ》の気持《きも》ち良《よ》さを詠《よ》んだ句《く》だよ。履《は》いていた草履《ぞうり》を手《て》に持《も》って、作者《さくしゃ》が川《かわ》を渡《わた》ろうとしているところだね。日差《ひざ》しが照《て》り付《つ》けて暑《あつ》いなか、足《あし》に触《ふ》れた水《みず》の冷《つめ》たさに思《おも》わずうれしくなってしまったんだ。さらに足《あし》を進《すす》めていくと、裸足《はだし》になって水遊《みずあそ》びをしていた子《こ》どものころに戻《もど》ったようでまたうれしさが込《こ》み上《あ》げてきた、とも読《よ》み解《と》けるよ。大人《おとな》はなかなか水遊《みずあそ》びができないもんね。

俳《はい》句《く》を読《よ》み解《と》こう!

雪《ゆき》の朝《あさ》□の字《じ》□の字《じ》の下《げ》駄《た》のあと

田捨女《でんすてじょ》

読《よ》み解《と》きクエスチョン

□に入《はい》るのはどの字《じ》かな?

❶ コ
❷ 二《に》
❸ ロ

下《げ》駄《た》の足跡《あしあと》はどんな形《かたち》か、思《おも》い浮《う》かべてみよう!

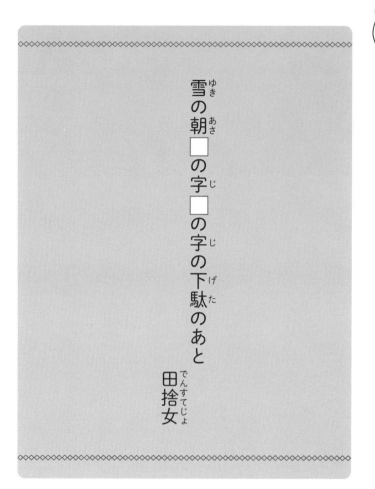

A

❷ 二《に》

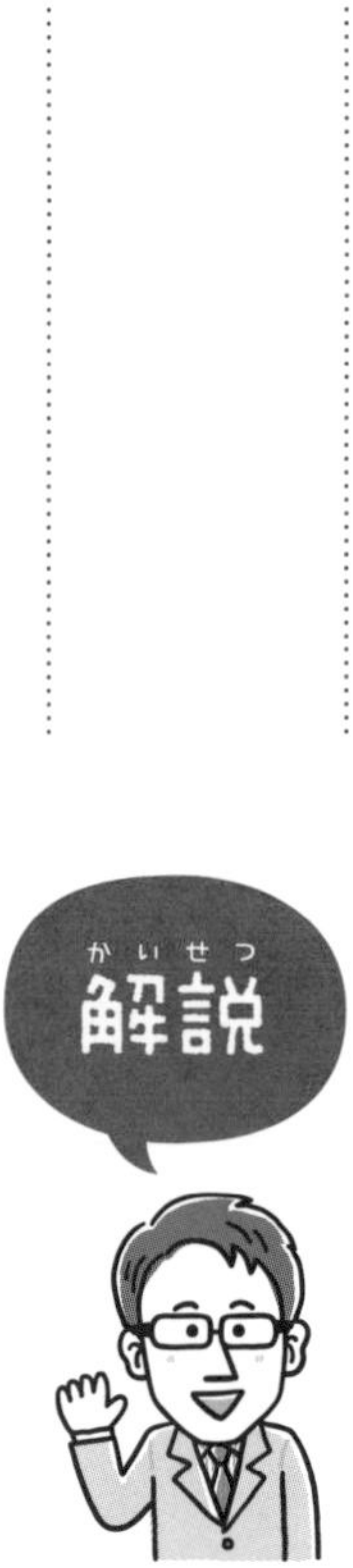

誰《だれ》の足跡《あしあと》もついていない雪《ゆき》道《みち》を歩《ある》くのは、ワクワクするよね。約《やく》400年前《ねんまえ》に詠《よ》まれたこの俳句《はいく》は、誰《だれ》かが雪道《ゆきみち》に残《のこ》した足跡《あしあと》をテーマにしているよ。作者《さくしゃ》の田捨女《でんすてじょ》が6歳《さい》のときに詠《よ》んだ作品《さくひん》ともいわれているんだ。

当時《とうじ》の人々《ひとびと》が普段《ふだん》から履《は》いていた下駄《げた》の裏《うら》には「歯《は》」と呼《よ》ばれる2枚《まい》の板《いた》がついている。この歯《は》が雪《ゆき》につけた跡《あと》が、漢字《かんじ》の「二《に》」の字《じ》に見《み》えたんだね。

俳《はい》句《く》を読《よ》み解《と》こう！

さそは《わ》れて尻《しり》の重《おも》たき※雪《ゆき》見《み》哉《かな》

加賀千代女《かがのちよじょ》

※雪景色《ゆきげしき》を眺《なが》めて楽《たの》しむこと

読《よ》み解《と》きクエスチョン

雪見《ゆきみ》に誘《さそ》われた作者《さくしゃ》はどんな気持《きも》ちになっているかな？

ヒント

「尻《しり》の重《おも》たき＝尻《しり》が重《おも》い」という慣用句《かんようく》に注目《ちゅうもく》してみよう。

A

例《れい》

気《き》乗《の》りがしない・面倒《めんどう》に思《おも》っている

解説《かいせつ》

この句《く》のポイントは「尻《しり》の重《おも》たき」だね。「尻《しり》が重《おも》い」は「なかなか行動《こうどう》を起《お》こそうとしない」といった意味合《いみあ》いの慣用句《かんようく》だよ。冬《ふゆ》の日《ひ》に雪景《ゆきげ》色《しき》を見《み》に行《い》こうと誘《さそ》われたけれど、あまり気持《きも》ちが乗《の》らないんだね。作者《さくしゃ》は寒《さむ》がりなのかもしれないね。

「尻《しり》が重《おも》い」は「腰《こし》が重《おも》い」とも言《い》い換《か》えられる。こういった体《からだ》の一部《いちぶ》を使《つか》って心《こころ》の動《うご》きを表現《ひょうげん》する慣用句《かんようく》は、読《どっ》解《かい》の手助《てだす》けをしてくれるよ。

俳《はい》句《く》を読《よ》み解《と》こう！

長病《ながやみ》の今年《ことし》も参《まい》る雑煮《ぞうに》哉《かな》
病床《びょうしょう》を囲《かこ》む※礼者《れいしゃ》や五六人《ごろくにん》
いくたびも雪《ゆき》の深《ふか》さを尋《たず》ねけり
正岡子規《まさおかしき》

※正月《しょうがつ》に親戚《しんせき》や知人《ちじん》を訪《たず》ね回《まわ》る人《ひと》

読《よ》み解《と》きクエスチョン

正岡子規《まさおかしき》は、この3つの句《く》をどういう状況《じょうきょう》で詠《よ》んだんだろう？

3句目《くめ》は「どれぐらい雪《ゆき》が積《つ》もったのか何度《なんど》も人《ひと》に聞《き》いている」という俳句《はいく》だよ。

A

病気《びょうき》で布団《ふとん》に横《よこ》になっている

解説《かいせつ》

日本《にほん》を代表《だいひょう》する俳人《はいじん》である正岡子規《まさおかしき》は、20代後半《だいこうはん》から病気《びょうき》で自由《じゆう》に動《うご》き回《まわ》ることができなくなったんだ。それでも布団《ふとん》で横《よこ》になりながら、俳句《はいく》をはじめたくさんの文学作品《ぶんがくさくひん》を残《のこ》したよ。読《よ》み解《と》いてもらった俳句《はいく》も、病床《びょうしょう》で詠《よ》まれたものだね。1句目《くめ》と2句目《くめ》は正月《しょうがつ》の情景《じょうけい》を、3句目《くめ》は雪《ゆき》が降《ふ》った冬《ふゆ》の1日《にち》を詠《よ》んでいる。何度《なんど》も雪《ゆき》の様子《ようす》を聞《き》いていることから、正岡子規《まさおかしき》が好奇心旺盛《こうきしんおうせい》な性格《せいかく》だとわかるね。

俳《はい》句《く》を読《よ》み解《と》こう！

西日《にしび》して日毎赤《ひごとあか》らむ柿《かき》の数《かず》
杉田久女《すぎたひさじょ》

柿《かき》くへ《え》ば鐘《かね》が鳴《な》るなり法隆寺《ほうりゅうじ》
正岡子規《まさおかしき》

読《よ》み解《と》きクエスチョン

これらの俳句《はいく》が詠《よ》まれた季節《きせつ》はいつかな？

どちらにも共通《きょうつう》している言《こと》葉《ば》が、詠《よ》まれた季節《きせつ》を表《あらわ》す「季語《きご》」だよ。

A

秋《あき》（晩秋《ばんしゅう》）

解説《かいせつ》

2つの俳句《はいく》に共通《きょうつう》する「柿《かき》」は、晩秋《ばんしゅう》（秋《あき》の終《お》わりごろ）の季語《きご》だよ。1句《く》目《め》は秋《あき》が深《ふか》まるにつれて鮮《あざ》やかに色《いろ》づいていく柿《かき》の美《うつく》しさを詠《よ》んでいる。夕日《ゆうひ》に照《て》らされてツヤツヤと輝《かがや》く柿《かき》の実《み》が目《め》に浮《う》かぶようだね。一方《いっぽう》、2句《く》目《め》は柿《かき》を食《た》べた瞬間《しゅんかん》を詠《よ》んでいる。柿《かき》と法隆寺《ほうりゅうじ》に直接《ちょくせつ》の関係《かんけい》はないけれど、インパクトがあって覚《おぼ》えてしまうよね。キミも「柿食《かきく》へば」に続《つづ》けて俳句《はいく》を詠《よ》んでみよう。

俳《はい》句《く》を読《よ》み解《と》こう！

青蛙《あおがえる》おのれもペンキぬりたてか

芥川龍之介《あくたがわりゅうのすけ》

読《よ》み解《と》きクエスチョン

「ペンキぬりたて」とは、蛙《かえる》のどのような様《よう》子《す》をたとえた表現《ひょうげん》だろう？

蛙《かえる》の動《うご》きではなく、姿《すがた》かたちをたとえているよ。

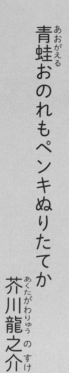

A

色《いろ》が鮮《あざ》やかでツヤツヤしている様子《ようす》

「青蛙《あおがえる》」は、アマガエルやトノサマガエルのように緑色《みどりいろ》をした蛙《かえる》の通称《つうしょう》だよ。ツヤツヤと鮮《あざ》やかな緑色《みどりいろ》をした蛙《かえる》が、まるでペンキを塗《ぬ》ったばかりのように見《み》えたんだね。「おのれ（お前《まえ》）も」と、同《おな》じことを意味《いみ》する副助詞《ふくじょし》の「も」がついている点《てん》にも注目《ちゅうもく》しよう。蛙《かえる》のほかに「ペンキぬりたて」に見《み》えたのは別《べつ》の生《い》き物《もの》か、周《まわ》りの風景《ふうけい》か、作者自《さくしゃじ》身《しん》か、さまざまな読解《どっかい》ができるね。

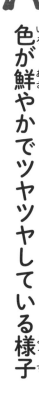

俳《はい》句《く》を読《よ》み解《と》こう！

まっすぐな道《みち》でさみしい
種《たね》田《だ》山《さん》頭《とう》火《か》

咳《せき》をしても一人《ひとり》
尾《お》崎《ざき》放《ほう》哉《さい》

読《よ》み解《と》きクエスチョン

これらの俳《はい》句《く》と、これまで読《よ》み解《と》いてきた俳《はい》句《く》の違《ちが》いを2つ見《み》つけよう。

俳《はい》句《く》の基本的《きほんてき》なルールを思《おも》い出《だ》してみよう。

A

①五《ご》・七《しち》・五《ご》ではない　②季《き》語《ご》がない

解説《かいせつ》

俳句《はいく》は五《ご》・七《しち》・五《ご》の十七音《じゅうしちおん》を定型《ていけい》とし、季語《きご》を含《ふく》むことを原則《げんそく》としているよ。紹介《しょうかい》した2つの句《く》はどちらも、この原則《げんそく》からは外《はず》れているね。こういった俳句《はいく》を「自由律俳句《じゆうりつはいく》」と呼《よ》ぶよ。種田山頭火《たねださんとうか》も尾崎放哉《おざきほうさい》も、自由律俳句《じゆうりつはいく》の名人《めいじん》として知《し》られているんだ。種田山頭火《たねださんとうか》には「分《わ》け入《い》っても分《わ》け入《い》っても青《あお》い山《やま》」、尾崎放哉《おざきほうさい》には「こんなよい月《つき》を一人《ひとり》で見《み》て寝《ね》る」などの代表作《だいひょうさく》があるよ。

短歌《たんか》を読《よ》み解《と》こう！

思《おも》ひ《い》つゝ《つ》ぬればや人《ひと》の見《み》えつらむ
夢《ゆめ》と知《し》りせば覚《さ》めざらましを

小野小町《おののこまち》

現代語訳《げんだいごやく》
「ずっと心《こころ》に思《おも》いながら寝《ね》たので、あの人《ひと》が夢《ゆめ》に出《で》てきたのだろうか。もし夢《ゆめ》だと知《し》っていたら目覚《めざ》めなかったのに。」

読《よ》み解《と》きクエスチョン

これは誰《だれ》を思《おも》って詠《よ》んだ短歌《たんか》だろう？

1. 友達《ともだち》
2. 家族《かぞく》
3. 好《す》きな人《ひと》（推《お》し）

夢《ゆめ》で会《あ》えたらうれしい人《ひと》は誰《だれ》かな？

A

③ 好《す》きな人《ひと》（推《お》し）

解説《かいせつ》

好《す》きな人《ひと》や推《お》しが夢《ゆめ》に出《で》てきたら、とってもうれしいよね。そして起《お》きると「夢《ゆめ》だとわかっていたら目覚《めざ》めなかったのに！」と残念《ざんねん》に思《おも》う。約《やく》1100年前《ねんまえ》に活躍《かつやく》した女性《じょせい》歌人《かじん》・小野小町《おののこまち》も同《おな》じことを考《かんが》えていたんだね。生《い》きている時代《じだい》が千年以上《せんねんいじょう》違《ちが》うのに、好《す》きな人《ひと》に抱《いだ》く気持《きも》ちは変《か》わらないんだ。新海誠監督《しんかいまことかんとく》は、この短歌《たんか》からイメージをふくらませてアニメ映画《えいが》「君《きみ》の名《な》は。」を作《つく》ったそうだよ。

短歌《たんか》を読《よ》み解《と》こう！

うららに照《て》れる春日《はるひ》に雲雀《ひばり》あがり
情《こころ》かなしも独《ひと》りし思《おも》へば

大伴家持《おおとものやかもち》

現代語訳《げんだいごやく》
うららかに太陽《たいよう》が照《て》っている春《はる》の日《ひ》に、ヒバリが舞《ま》い上《あ》がっている。そんななかでひとり、物思《ものおも》いにふけっていると悲《かな》しみを感《かん》じる。

読《よ》み解《と》きクエスチョン

この短歌《たんか》で用《もち》いられている表現方法《ひょうげんほうほう》はどれだろう？

❶ 擬人法《ぎじんほう》
❷ 体言止《たいげんど》め
❸ 対比《たいひ》

ヒント

❶は「人《ひと》にたとえる表現《ひょうげん》」、❷は「体言《たいげん》で文《ぶん》を終《お》える表現《ひょうげん》」、❸は「2つのものを比《くら》べる表現《ひょうげん》」だよ。

A

③ 対比《たいひ》

空《そら》が明《あか》るく晴《は》れたおだやかな春《はる》の日《ひ》、周《まわ》りを見渡《みわた》せば1羽《わ》のヒバリが飛《と》び上《あ》がっていく……。春《はる》の喜《よろこ》びとエネルギーにあふれた景色《けしき》を目《め》の前《まえ》にしているのに、作者《さくしゃ》の気持《きも》ちは悲《かな》しく沈《しず》んでいるね。希《き》望《ぼう》を予感《よかん》させる春《はる》の日《ひ》やヒバリと作者《さくしゃ》の気持《きも》ちを対比《たいひ》することで、その違《ちが》いがはっきりするんだ。奈良時代《ならじだい》の歌人《かじん》であり、政治家《せいじか》でもあった作者《さくしゃ》は、どんな考《かんが》え事《ごと》をしていたんだろうね。

短《たん》歌《か》を読《よ》み解《と》こう！

この里《さと》に手《て》まりつきつつ子供《こども》らと
遊《あそ》ぶ春日《はるひ》は暮《く》れずともよし

良寛《りょうかん》

読《よ》み解《と》きクエスチョン

どうして作者《さくしゃ》は「日《ひ》が暮《く》れなくてもいい」と思《おも》ったんだろう？

作者《さくしゃ》は子《こ》どもたちと一緒《いっしょ》に遊《あそ》んだ情景《じょうけい》を詠《よ》んだ短歌《たんか》をたくさん残《のこ》しているよ。

A

子《こ》どもたちと一緒《いっしょ》に遊《あそ》んでいたかったから

解説《かいせつ》

良寛《りょうかん》は、子《こ》どもと遊《あそ》ぶことが大好《だいす》きだった江戸《えど》時代《じだい》のお坊《ぼう》さんだよ。この短歌《たんか》でも「子《こ》どもと手《て》まりをついて過《す》ごすおだやかな春《はる》の日《ひ》は、夕方《ゆうがた》にならないといいな」と詠《よ》んでいる。日《ひ》が暮《く》れると子《こ》どもが家《いえ》に帰《かえ》ってしまうからね。子《こ》どもと一緒《いっしょ》に遊《あそ》ぶと、大人《おとな》は無邪気《むじゃき》な心《こころ》を取《と》り戻《もど》せるんだ。心《こころ》を静《しず》める修行《しゅぎょう》を積《つ》む禅宗《ぜんしゅう》のお坊《ぼう》さんだった良寛《りょうかん》は、子《こ》どもと遊《あそ》ぶことで心《こころ》を整《ととの》えていたのかもしれないね。

短《たん》歌《か》を読《よ》み解《と》こう！

たのしみは三人《みたり》の児《こ》どもすくすくと
大《おお》きくなれる姿《すがた》みる時《とき》

たのしみは朝《あさ》おきいでて昨日《きのう》まで
無《なか》りし花《はな》の咲《さ》ける見《み》る時《とき》

たのしみは珍《めずら》しき書人《ふみひと》にかり
始《はじ》め※一《ひと》ひらひろげたる時《とき》

「独楽吟《どくらくぎん》」より　橘曙覧《たちばなあけみ》

※1ページ目《め》

読《よ》み解《と》きクエスチョン

この短歌《たんか》の作者《さくしゃ》は、どんな人物《じんぶつ》だと読《よ》み解《と》けるかな？

「なにに楽《たの》しみを見出《みいだ》しているか」に注目《ちゅうもく》してみよう。

A

例《れい》

身《み》の回《まわ》りの小《ちい》さな出来事《できごと》に楽《たの》しみを見出《みいだ》せる人《ひと》

解説《かいせつ》

江戸時代《えどじだい》の後期《こうき》に活躍《かつやく》した橘曙覧《たちばなあけみ》の歌集《かしゅう》である「独楽《どくらく》吟《ぎん》」には、「たのしみは」で始《はじ》まり、「……とき」で終《お》わる形式《けいしき》の和歌《わか》がたくさん載《の》っているんだ。「独楽《どくらく》＝ひとりで楽《たの》しむ」という意味《いみ》のタイトルだけあって、橘曙覧《たちばなあけみ》が感《かん》じた、ふとした瞬間《しゅんかん》の楽《たの》しみや小《ちい》さな幸《しあわ》せが描《えが》かれているよ。紹介《しょうかい》した3首《しゅ》からは「子《こ》どもが3人《にん》いること」「草《くさ》花《ばな》が好《す》きなこと」「読書家《どくしょか》」といったことも読《よ》み解《と》けるね。

短《たん》歌《か》を読《よ》み解《と》こう!

白鳥《しらとり》はかなし※1からずや空《そら》の青《あお》
海《うみ》のあを《お》にも染《そ》※2まずただよふ《う》

若山牧水《わかやまぼくすい》

※1 かなしくないのだろうか　※2 染《そ》まらずに

読《よ》み解《と》きクエスチョン

この短歌《たんか》で詠《よ》まれている感情《かんじょう》にもっとも近《ちか》いものはどれだろう?

❶ ひとりぼっちでさびしい
❷ 鳥《とり》のように飛《と》んでみたい
❸ 自然《しぜん》と鳥《とり》がきれいだな

「白鳥《しらとり》」はハクチョウではなく、カモメのことだといわれているよ。

A

❶ ひとりぼっちでさびしい

解説《かいせつ》

人間《にんげん》はどこかのグループに所属《しょぞく》していると安心《あんしん》する生《い》き物《もの》なんだよ。たとえば家族《かぞく》でもクラスでも、「○○の一員《いちいん》である」と思《おも》えると心強《こころづよ》いよね。でもこの短歌《たんか》の白鳥《しらとり》は、空《そら》の青色《あおいろ》にも海《うみ》の青色《あおいろ》にも染《そ》まらずに飛《と》び続《つづ》けている。実《じっ》際《さい》に白鳥《しらとり》の色《いろ》が変《か》わることはないけれど、空《そら》にも海《うみ》にも所《しょ》属《ぞく》していない姿《すがた》に作者自身《さくしゃじしん》の「ひとりぼっちでさびしい」という気持《きも》ちを重《かさ》ね合《あ》わせているんだね。

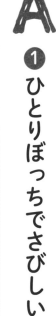

短歌《たんか》を読《よ》み解《と》こう！

※不来方《こずかた》のお城《しろ》の草《くさ》に寝《ね》ころびて
空《そら》に吸《す》はれし□の心《こころ》

石川啄木《いしかわたくぼく》

※岩手県《いわてけん》にある盛岡城跡公園《もりおかじょうあとこうえん》

読《よ》み解《と》きクエスチョン

□には年齢《ねんれい》が入《はい》るよ。どれが当《あ》てはまるだろう？

❶ 十五《じゅうご》
❷ 三十五《さんじゅうご》
❸ 五十五《ごじゅうご》

ヒント

作者《さくしゃ》が自分《じぶん》の青春《せいしゅん》を振《ふ》り返《かえ》って詠《よ》んだ短歌《たんか》だよ。

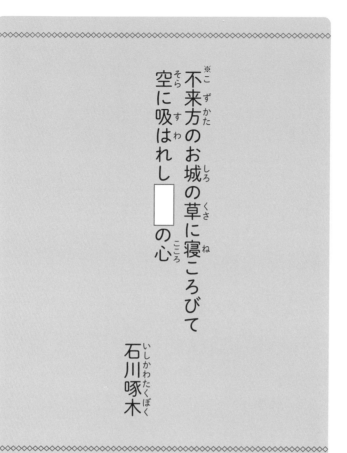

A

① 十五《じゅうご》

解説《かいせつ》

岩手県《いわてけん》に生《う》まれた石川啄木《いしかわたくぼく》は、明治時代《めいじじだい》の歌人《かじん》だよ。この短歌《たんか》では、15歳《さい》の自分自身《じぶんじしん》を詠《よ》んでいるんだ。子《こ》どもから大人《おとな》へと成長《せいちょう》していく、いわゆる思春期《ししゅんき》の心《こころ》が描《えが》かれているよ。思春期《ししゅんき》の心《こころ》はとても不安定《ふあんてい》で、未来《みらい》に希望《きぼう》を持《も》てないときもある。でも草《くさ》の上《うえ》に寝転《ねころ》んで空《そら》を見《み》ていたら、悩《なや》みやモヤモヤした気持《きも》ちが空《そら》に吸《す》い込《こ》まれるように消《き》えていった、というさわやかな短歌《たんか》だよ。

短歌《たんか》を読《よ》み解《と》こう！

金色《こんじき》のちひさき鳥《とり》のかたちして
銀杏《いちょう》ちるなり岡《おか》の夕日《ゆうひ》に

与謝野晶子《よさのあきこ》

読《よ》み解《と》きクエスチョン

この短歌《たんか》が詠《よ》まれた季節《きせつ》と時間《じかん》、天気《てんき》を読《よ》み解《と》こう。

銀杏《いちょう》の葉《は》っぱが「落《お》ちる」のではなく、「散《ち》る」という表現《ひょうげん》も見逃《みのが》せないね。

A

秋《あき》・夕方《ゆうがた》・晴《は》れて風《かぜ》が吹《ふ》いている

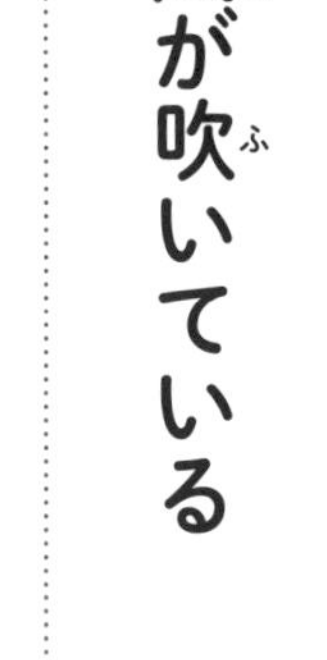

木《こ》の葉《は》が赤《あか》や黄色《きいろ》に色《いろ》づく秋《あき》の風景《ふうけい》を詠《よ》んだ短歌《たんか》だね。夕日《ゆうひ》に照《て》らされてキラキラと輝《かがや》く銀杏《いちょう》の葉《は》を、黄色《きいろ》ではなく金色《こんじき》と表現《ひょうげん》しているのがポイントだよ。作者《さくしゃ》である与謝《よさ》野《の》晶子《あきこ》は、日本《にほん》を代表《だいひょう》する歌《か》人《じん》なんだ。風《かぜ》に吹《ふ》かれて散《ち》る銀杏《いちょう》の葉《は》が小鳥《ことり》の形《かたち》をしていると気付《きづ》いた観察眼《かんさつがん》はさすがだよね。目《め》の前《まえ》に色鮮《いろあざ》やかな風景《ふうけい》が浮《う》かんでくるような表《ひょう》現《げん》の的確《てきかく》さと美《うつく》しさが、この短歌《たんか》の魅力《みりょく》だね。

小説《しょうせつ》を読《よ》み解《と》こう！

「坊《ぼ》っちゃん」

夏目漱石《なつめそうせき》

親譲《おやゆず》りの無鉄砲《むてっぽう》※で小供《こども》の時《とき》から損《そん》ばかりしている。小学校《しょうがっこう》に居《い》る時分《じぶん》学校《がっこう》の二階《にかい》から飛《と》び降《お》りて一週間《いっしゅうかん》ほど腰《こし》を抜《ぬ》かした事《こと》がある。なぜそんな無闇《むやみ》をしたと聞《き》く人《ひと》があるかも知《し》れぬ。別段深《べつだんふか》い理由《りゆう》でもない。新築《しんちく》の二階《にかい》から首《くび》を出《だ》していたら、同級生《どうきゅうせい》の一人《ひとり》が冗談《じょうだん》に、いくら威張《いば》っても、そこから飛《と》び降《お》りる事《こと》は出来《でき》まい。弱虫《よわむし》やーい。と囃《はや》したからである。

※後先《あとさき》を考《かんが》えないで行動《こうどう》すること

読《よ》み解《と》きクエスチョン

同級生《どうきゅうせい》の一人《ひとり》が言《い》った部分《ぶぶん》に、カギカッコをつけてみよう。

「囃《はや》す」は「声《こえ》をあげてほめたりひやかしたりする」という意味《いみ》だよ。

A

「いくら威張《いば》っても、そこから飛《と》び降《お》りる事《こと》は出来《でき》まい。弱虫《よわむし》やーい。」

小説《しょうせつ》や物語《ものがたり》を読《よ》み解《と》くには、どの部分《ぶぶん》が誰《だれ》の発言《はつげん》なのかをきちんと理解《りかい》することが大切《たいせつ》だよ。主人公《しゅじんこう》が2階《かい》から飛《と》び降《お》りるきっかけとなった同《どう》級生《きゅうせい》の発言《はつげん》を、きちんとカギカッコでくくれたかな?

無鉄砲《むてっぽう》というだけあって主《しゅ》人公《じんこう》の行動力《こうどうりょく》はすごいよね。「親譲《おやゆず》り」とあるけれど、小《しょう》説《せつ》の続《つづ》きでは主人公《しゅじんこう》に対《たい》して「2階《かい》ぐらいから飛《と》び降《お》りて腰《こし》を抜《ぬ》かす奴《やつ》があるか」とお父《とう》さんが怒《おこ》るんだよ。

小説《しょうせつ》を読《よ》み解《と》こう！

「ふしぎな岩《いわ》」

林芙美子《はやしふみこ》

夜《よる》になって、ふしぎな岩《いわ》は、そっと動《うご》きはじめました。岩《いわ》が動《うご》くってへんですね。

あわいお星《ほし》さまをすかして、霧《きり》のような山風《やまかぜ》が、ひくい谷間《たにま》から、ごう、ごう、ごうと吹《ふ》きあげています。どこかの森《もり》の方《ほう》で、フクロウが鳴《な》いています。

岩《いわ》は、どっこいしょと起《お》きあがって、せいいっぱいにのびをしました。

読《よ》み解《と》きクエスチョン

「どっこいしょと起《お》きあがって、せいいっぱいにのびをしました」という表現《ひょうげん》から、どんなことが読《よ》み解《と》けるかな？

思《おも》わずのびをしてしまうのは、どんなときだろう？

A

例《れい》

大《おお》きく重《おも》い岩《いわ》で、若《わか》くはない・昼間《ひるま》は動《うご》かないようにしている

解説《かいせつ》

ある程度《ていど》の年齢《ねんれい》になると、立《た》ったり座《すわ》ったりするときに「どっこいしょ」のようなかけ声《ごえ》が思《おも》わず出《で》てしまうんだよね。だからふしぎな岩《いわ》も、若者《わかもの》ではないと読《よ》み解《と》けるよ。「どっこいしょ」と動《うご》くくらいだから、大《おお》きくて重《おも》いとも考《かんが》えられるね。

人間《にんげん》は、かたくなった筋肉《きんにく》をほぐすために「う～ん」とのびをする。ふしぎな岩《いわ》も同《おな》じく、夜《よる》が来《く》るまではじっと動《うご》かずにいたんだね。

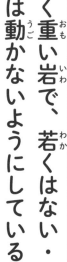

小説《しょうせつ》を読《よ》み解《と》こう!

「吾輩《わがはい》は猫《ねこ》である」

夏目漱石《なつめそうせき》

吾輩《わがはい》は猫《ねこ》である。名前《なまえ》はまだ無《な》い。どこで生《うま》れたか頓《とん》※1と見当《けんとう》がつかぬ。何《なん》でも薄暗《うすぐら》いじめじめした所《ところ》でニャーニャー泣《な》いていた事《こと》だけは記憶《きおく》している。吾輩《わがはい》はここで始《はじ》めて人間《にんげん》というものを見《み》た。然《しか》もあとで聞《き》くとそれは書生《しょせい》※2という人間《にんげん》中《ちゅう》で一番《いちばん》獰悪《どうあく》※3な種族《しゅぞく》であったそうだ。この書生《しょせい》というのは時々《ときどき》我々《われわれ》を捕《つか》えて煮《に》て食《く》うという話《はなし》である。

※1 全然《ぜんぜん》わからない　※2 他人《たにん》の家《いえ》に寝泊《ねと》まりし、家事《かじ》を手伝《てつだ》いながら勉強《べんきょう》に励《はげ》む人《ひと》　※3 あらっぽくて凶暴《きょうぼう》なこと

読《よ》み解《と》きクエスチョン

「吾輩《わがはい》」はどんな猫《ねこ》だろう? 本文《ほんぶん》を手《て》がかりにして、いろいろ考《かんが》えてみよう。

「吾輩《わがはい》」は「俺様《おれさま》」のように、少《すこ》し偉《えら》ぶった感《かん》じが伝《つた》わる呼《よ》び名《な》だよ。

A

例《れい》

威張《いば》っている・人間《にんげん》について誤解《ごかい》している・野良猫《のらねこ》だった・賢《かしこ》いなど

解説《かいせつ》

自分《じぶん》を「吾輩《わがはい》」と呼《よ》ぶ名無《なな》しの猫《ねこ》から見《み》た人間生活《にんげんせいかつ》が描《えが》かれる「吾輩《わがはい》は猫《ねこ》である」は、明治時代《めいじじだい》に書《か》かれた小説《しょうせつ》だよ。出《で》だしの文章《ぶんしょう》からぐっと心《こころ》が引《ひ》きつけられるよね。

「吾輩《わがはい》」は偉《えら》ぶっているけれど、「書生《しょせい》は猫《ねこ》を捕《つか》まえて煮《に》て食《た》べる」という猫《ねこ》の世界《せかい》のでたらめな噂《うわさ》を信《しん》じていてどこか憎《にく》めない。そして「獰悪《どうあく》」なんていう難《むずか》しい言葉《ことば》を使《つか》っていて、頭《あたま》の良《よ》さも感《かん》じさせるよね。

STEP《ステップ》

2

文脈《ぶんみゃく》でとらえる力《ちから》を磨《みが》こう

「文脈《ぶんみゃく》」とは文章《ぶんしょう》の筋道《すじみち》のこと。文脈《ぶんみゃく》を把握《はあく》できれば、文章《ぶんしょう》を正確《せいかく》に読《よ》み取《と》ることができるんだ。ここでは、文《ぶん》のつながりや前後《ぜんご》の流《なが》れを意識《いしき》しながら作品《さくひん》を読《よ》んでみよう。

先生《せんせい》、このSTEP《ステップ》はどう読《よ》むの？

STEP《ステップ》2では、STEP《ステップ》1より少《すこ》し長《なが》めの文章《ぶんしょう》を読《よ》み解《と》こう。細《こま》かなところまで注意《ちゅうい》しながら、丁寧《ていねい》に読《よ》むように心《こころ》がけてね。難《むずか》しい言葉《ことば》は解説《かいせつ》しているけれど、ほかにもあったら調《しら》べてみよう。「文脈《ぶんみゃく》クエスチョン」は4択問題《たくもんだい》。正《ただ》しいと思《おも》う選択肢《せんたくし》を選《えら》んでページをめくろう！

エッセイの文脈《ぶんみゃく》をとらえよう！

「自信《じしん》と地震《じしん》」

向田邦子《むこうだくにこ》

若《わか》いのに、めきめきと頭角《とうかく》をあらわして、その社《しゃ》会《かい》でエースと呼《よ》ばれるようになった男《おとこ》に、取材《しゅざい》の人《ひと》がたずねた。

「いま一番恐《いちばんこわ》いものは何《なん》ですか」

「ジシンです」

エースは謙虚《けんきょ》に答《こた》えた。

取材《しゅざい》の人《ひと》は感心《かんしん》した。

「やっぱり恐《こわ》いですか」

「恐《こわ》いですよ。人間《にんげん》、潰《つぶ》すのは、ジシンじゃないで

【頭角《とうかく》をあらわす】
才能《さいのう》や学問《がくもん》の知識《ちしき》などが人《ひと》より目立《めだ》ってすぐれること。

【謙虚《けんきょ》】
いばらないこと。ひかえめで素《す》直《なお》なこと。

すか」

「天災《てんさい》は忘《わす》れた頃《ころ》にやってくる」

「いやあ、ぼくはそれほどじゃないですよ」

「え？」

「え？」

　ここまで来《き》て、二人《ふたり》は違《ちが》ったはなしをしていることに気《き》がついたそうな。

　エースはジシンを恐《おそ》れ、聞《き》き手《て》はジシンと取《と》り違《ちが》えて、そのまま話《はなし》が進行《しんこう》したのである。エースはテンサイをテンサイと聞《き》き、もひとつ謙遜《けんそん》して、頭《あたま》を掻《か》いてみせたのだった。


【謙遜《けんそん》】

相手《あいて》に遠慮《えんりょ》して、自分《じぶん》の能力《のうりょく》などをわざと低《ひく》く評価《ひょうか》すること。相手《あいて》に対《たい》してひかえめな態度《たいど》をとること。


【頭《あたま》を掻《か》く】

照《て》れたり、失敗《しっぱい》を恥《は》ずかしがったりする様子《ようす》。

文脈《ぶんみゃく》クエスチョン

「ジシン」と「テンサイ」に当《あ》てはまる漢字《かんじ》を出《で》てくる通《とお》りに並《なら》べたものはどれだろう？

1. 地震《じしん》・自信《じしん》・自信《じしん》・自信《じしん》・天才《てんさい》・天災《てんさい》
2. 自信《じしん》・自信《じしん》・地震《じしん》・自信《じしん》・天災《てんさい》・天才《てんさい》
3. 自信《じしん》・自信《じしん》・自信《じしん》・地震《じしん》・天災《てんさい》・天才《てんさい》
4. 地震《じしん》・地震《じしん》・自信《じしん》・地震《じしん》・天才《てんさい》・天災《てんさい》

地面《じめん》が揺《ゆ》れ動《うご》く「地震《じしん》」と自分《じぶん》の能力《のうりょく》を信《しん》じる「自信《じしん》」、自然災害《しぜんさいがい》を意味《いみ》する「天災《てんさい》」とずば抜《ぬ》けた才能《さいのう》を持《も》っている「天才《てんさい》」。発《はっ》言者《げんしゃ》がどんな意図《いと》で話《はな》しているかが手《て》がかりになるよ。

A

③ 自信《じしん》・自信《じしん》・自信《じしん》・地震《じしん》・天災《てんさい》・天才《てんさい》

解説《かいせつ》

「自信《じしん》と地震《じしん》」や「天災《てんさい》と天才《てんさい》」など、発音《はつおん》が同《おな》じで意味《いみ》が違《ちが》う言葉《ことば》を「同音異義語《どうおんいぎご》」と呼《よ》ぶよ。同音異義語《どうおんいぎご》は、それぞれの意味《いみ》と漢字《かんじ》をセットにして覚《おぼ》える習慣《しゅうかん》をつけよう。

たくさんの同音異義語《どうおんいぎご》を覚《おぼ》えることは、知《し》っている言葉《ことば》の数《かず》を意味《いみ》する語彙力《ごいりょく》を鍛《きた》えることにもつながるよ。「回転《かいてん》ずし店《てん》が開店《かいてん》した」「先生《せんせい》の選手宣誓《せんしゅせんせい》」のように、同音《どうおん》異義語《いぎご》を使《つか》った文章《ぶんしょう》を考《かんが》えて遊《あそ》んでみよう！

童話《どうわ》の文脈《ぶんみゃく》をとらえよう！

「手袋《てぶくろ》を買《か》いに」

新美南吉《にいみなんきち》

寒《さむ》い冬《ふゆ》が北方《ほっぽう》から、狐《きつね》の親子《おやこ》の棲《す》んでいる森《もり》へもやって来《き》ました。

或朝《あるあさ》洞穴《ほらあな》から子供《こども》の狐《きつね》が出《で》ようとしましたが、「あっ」と叫《さけ》んで眼《め》を抑《おさ》えながら母《かあ》さん狐《ぎつね》のところへころげて来《き》ました。

「母《かあ》ちゃん、眼《め》に何《なに》か刺《さ》さった、ぬいて頂戴《ちょうだい》早《はや》く早《はや》く」と言《い》いました。

母《かあ》さん狐《ぎつね》がびっくりして、あわてふためきながら、眼《め》を抑《おさ》えている子供《こども》の手《て》を恐《おそ》る恐《おそ》るとりのけて見《み》ま

【あわてふためく】突然《とつぜん》の出来事《できごと》に驚《おどろ》いて騒《さわ》ぎ立《た》てる。あわててばたばたする。

したが、何《なに》も刺《さ》さってはいませんでした。母《かあ》さん狐《ぎつね》は洞穴《ほらあな》の入口《いりぐち》から外《そと》へ出《で》て始《はじ》めてわけが解《わか》りました。昨夜《さくや》のうちに、真白《まっしろ》な雪《ゆき》がどっさり降《ふ》ったのです。その雪《ゆき》の上《うえ》からお陽《ひ》さまがキラキラと照《て》らしていたので、雪《ゆき》は眩《まぶ》しいほど反射《はんしゃ》していたのです。□□□□□は、あまり強《つよ》い反射《はんしゃ》をうけたので、眼《め》に何《なに》か刺《さ》さったと思《おも》ったのでした。

子供《こども》の狐《きつね》は遊《あそ》びに行《い》きました。真綿《まわた》のように柔《やわら》かい雪《ゆき》の上《うえ》を駆《か》け廻《まわ》ると、雪《ゆき》の粉《こ》が、しぶきのように飛《と》び散《ち》って小《ちい》さい虹《にじ》がすっと映《うつ》るのでした。

文脈《ぶんみゃく》クエスチョン

［　　］に入《はい》る もっとも適切《てきせつ》な言葉《ことば》はどれだろう？

1 こわがり屋《や》さんの子供《こども》の狐《きつね》

2 お陽《ひ》さまぎらいの子供《こども》の狐《きつね》

3 雪《ゆき》を知《し》らなかった子供《こども》の狐《きつね》

4 母《かあ》さん狐《ぎつね》と子供《こども》の狐《きつね》

母《かあ》さん狐《ぎつね》が「洞穴《ほらあな》の入口《いりぐち》から外《そと》へ出《で》て始《はじ》めてわけが解《わか》りました。」とあるね。この「わけ」は、子《こ》どものキツネが「眼《め》に何《なに》か刺《さ》さった」と思《おも》った理由《りゆう》のことだよ。

A

③ 雪《ゆき》を知《し》らなかった子供《こども》の狐《きつね》

解説《かいせつ》

子《こ》どものキツネについて、「太陽《たいよう》が嫌《きら》い」や「こわがり」といった文《ぶん》は書《か》かれていないね。目《め》が慣《な》れたあとには雪《ゆき》の上《うえ》で遊《あそ》び回《まわ》っていることから、好奇心《こうきしん》が旺盛《おうせい》で外《そと》に出《で》かけるのが好《す》きな性格《せいかく》だとわかるよ。

タイトル通《どお》り、このあとは子《こ》どものキツネが「手袋《てぶくろ》を買《か》いに」人間《にんげん》の住《す》む町《まち》に出《で》かけて行《い》くんだ。とてもかわいいお話《はなし》だから、ぜひ読《よ》んでみてね。

童話《どうわ》の文脈《ぶんみゃく》をとらえよう！

「どんぐりと山猫《やまねこ》」 宮沢賢治《みやざわけんじ》

おかしなはがきが、ある土曜日《どようび》の夕《ゆう》がた、一郎《いちろう》のうちにきました。

かねた一郎《いちろう》さま　九月十九日《くがつじゅうくにち》
あなたは、ごきげんよろしいほで、けっこです。
あした、めんどなさいばんしますから、おいでんなさい。とびどぐもたないでくなさい。
山《やま》ねこ　拝《はい》

こんなのです。字《じ》はまるでへたで、墨《すみ》もがさがさ

【拝《はい》】手紙《てがみ》やメールなどで自分《じぶん》の名《な》前《まえ》の下《した》に書《か》いて相手《あいて》への敬意《けいい》を表《あらわ》す語《ご》。

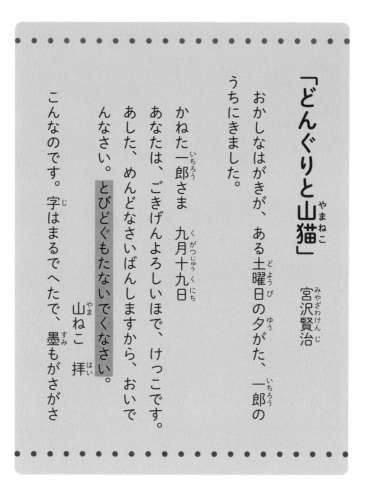

して指《ゆび》につくくらいでした。けれども一郎《いちろう》はうれしくてうれしくてたまりませんでした。はがきをそっと学校《がっこう》のかばんにしまって、うちじゅうとんだりはねたりしました。

ね床《どこ》にもぐってからも、山猫《やまねこ》のにゃあとした顔《かお》や、そのめんどうだという裁判《さいばん》のけしきなどを考《かんが》えて、おそくまでねむりませんでした。

けれども、一郎《いちろう》が眼《め》をさましたときは、もうすっかり明《あか》るくなっていました。おもてにでてみると、まわりの山《やま》は、みんなたったいまできたばかりのようにうるうるもりあがって、まっ青《さお》なそらのしたにならんでいました。一郎《いちろう》はいそいでごはんをたべて、ひとり谷川《たにがわ》に沿《そ》ったこみちを、かみの方《ほう》へのぼって行《い》きました。

【かみの方《ほう》】
川《かわ》の上流《じょうりゅう》の方《ほう》。

文脈《ぶんみゃく》クエスチョン

山猫《やまねこ》からの手紙《てがみ》に書《か》いてある「とびどぐもたないでくなさい」の意味《いみ》に当《あ》てはまるものはどれかな?

1. なわとびを持《も》ってこないでください
2. 飛《と》び毒《どく》を持《も》ってこないでください
3. 弓矢《ゆみや》や鉄砲《てっぽう》を持《も》ってこないでください
4. 毒《どく》グモを持《も》ってこないでください

ヒント

一郎《いちろう》の家《いえ》に突然《とつぜん》届《とど》いた、山《やま》猫《ねこ》からのハガキについての問題《もんだい》だよ。山猫《やまねこ》は一郎《いちろう》を誘《さそ》ってはいるけれど、人間《にんげん》だからと少《すこ》し警戒《けいかい》しているようだね。どうして「とびどぐ」を持《も》ってきてほしくないんだろう?

A

③ 弓矢《ゆみや》や鉄砲《てっぽう》を持《も》ってこないでください

解説《かいせつ》

「とびどぐ」は「飛《と》び道具《どうぐ》」、つまり遠《とお》くから敵《てき》を撃《う》つ弓矢《ゆみや》や鉄砲《てっぽう》などを意味《いみ》しているよ。山猫《やまねこ》は、人間《にんげん》が飛《と》び道具《どうぐ》を使《つか》って狩《か》りをすることを知《し》っているんだね。そして小学生《しょうがくせい》の一郎《いちろう》も飛《と》び道具《どうぐ》を持《も》ってくるんじゃないかと心配《しんぱい》しているんだ。字《じ》が抜《ぬ》けていたり、言葉《ことば》づかいがおかしかったりする山猫《やまねこ》からのハガキを正《ただ》しい日本語《にほんご》に書《か》き直《なお》してみるのも、文脈《ぶんみゃく》をとらえる力《ちから》のトレーニングになるよ。

物語《ものがたり》の文脈《ぶんみゃく》をとらえよう！

「梨《なし》や柿《かき》はお友達《ともだち》」

島崎藤村《しまざきとうそん》

父《とう》さんのお家《うち》の庭《にわ》にはいろいろな木《き》が植《う》えてありました。父《とう》さんはその木《き》を自分《じぶん》のお友達《ともだち》のように思《おも》って大《おお》きくなりました。お前達《まえたち》の祖父《おじい》さんのお部《へ》屋《や》の前《まえ》にあった古《ふる》い大《おお》きな松《まつ》の樹《き》も、表《おもて》の庭《にわ》にあった椿《つばき》の木《き》もみんなお父《とう》さんのお友達《ともだち》でした。その椿《つばき》の木《き》の側《そば》には梨《なし》の木《き》もあって、毎年《まいとし》大《おお》きな梨《なし》がなりました。

あの青《あお》い梨《なし》の実《み》のなった樹《き》の下《した》へは父《とう》さんもよく見《み》に行《い》ったものです。

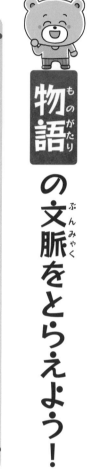

「もう食《た》べてもいいかい。」

と父《とう》さんが梨《なし》の木《き》に聞《き》きに行《ゆ》きますと、

「まだ早《はや》い、まだ早《はや》い。」

と梨《なし》の木《き》は言《い》って、なかなか食《た》べてもいいとは言《い》いませんでした。そして、その梨《なし》の実《み》が大《おお》きくなって、色《いろ》のつく時分《じぶん》には、ちょうど御祝言《ごしゅうげん》の晩《ばん》の花嫁《はなよめ》さんのように、白《しろ》い紙袋《かんぶくろ》をかぶってしまいました。

これは蜂《はち》が来《き》て梨《なし》をたべるものですから、蜂《はち》をよけるために紙袋《かんぶくろ》をかぶせるのです。


【時分《じぶん》】

時期《じき》。ころ。


【御祝言《ごしゅうげん》】

結婚式《けっこんしき》。


【花嫁《はなよめ》さんのように】

ここでは、和装《わそう》の花嫁《はなよめ》が身《み》につける白《しろ》いかぶりものを白《しろ》い紙袋《かみぶくろ》に見立《みた》てている。

文脈《ぶんみゃく》クエスチョン

どうして梨《なし》の木《き》は、なかなか食《た》べてもいいと言《い》わなかったんだろう?

❶ 意地悪《いじわる》だったから

❷ まだ食《た》べる時期《じき》ではなかったから

❸ 椿《つばき》の木《き》に遠慮《えんりょ》したから

❹ 祖父《おじい》さんに食《た》べさせないように言《い》われたから

さまざまな植物《しょくぶつ》が登場《とうじょう》するけれど、文脈《ぶんみゃく》クエスチョンでは梨《なし》について聞《き》かれているよ。梨《なし》についてどんなことが書《か》いてあるか、注意《ちゅうい》しながら読《よ》み返《かえ》してみよう。

A

② まだ食《た》べる時期《じき》ではなかったから

解説《かいせつ》

「青《あお》い梨《なし》の実《み》のなった樹《き》の下《した》へ」見《み》に行《い》ったとあるけれど、梨《なし》は黄色《きいろ》く色《いろ》づいてからが食《た》べごろだよね。「色《いろ》のつく時分《じぶん》には」蜂《はち》が来《き》て梨《なし》を食《た》べるとも書《か》いてある。まだ熟《じゅく》していないため、梨《なし》はなかなか食《た》べてもいいと言《い》わなかったんだ。この物語《ものがたり》は、作者《さくしゃ》が幼《おさな》いころの思《おも》い出《で》を我《わ》が子《こ》に話《はな》し聞《き》かせるつもりで書《か》いたものなんだ。誰《だれ》とでも、なにとでも友達《ともだち》になれる子《こ》ども時《じ》代《だい》の自由《じゆう》さが感《かん》じられるね。

童話《どうわ》の文脈《ぶんみゃく》をとらえよう！

「野《の》ばら」

小川《おがわ》未明《みめい》

大《おお》きな国《くに》と、それよりはすこし小《ちい》さな国《くに》とが隣《とな》り合《あ》っていました。当座《とうざ》、その二《ふた》つの国《くに》の間《あいだ》には、なにごとも起《お》こらず平和《へいわ》でありました。

ここは都《みやこ》から遠《とお》い、国境《こっきょう》であります。そこには両《りょう》方《ほう》の国《くに》から、ただ一人《ひとり》ずつの兵隊《へいたい》が派遣《はけん》されて、国《こっ》境《きょう》を定《さだ》めた石碑《せきひ》を守《まも》っていました。大《おお》きな国《くに》の兵士《へいし》は老人《ろうじん》でありました。そうして、小《ちい》さな国《くに》の兵士《へいし》は青年《せいねん》でありました。

二人《ふたり》は、石碑《せきひ》の建《た》っている右《みぎ》と左《ひだり》に番《ばん》をしていま

【当座《とうざ》】しばらくの間《あいだ》。

【石碑《せきひ》】石《いし》に文《ぶん》を刻《きざ》んで建《た》てたもの。

した。いたってさびしい山《やま》でありました。そして、まれにしかその辺《へん》を旅《たび》する人影《ひとかげ》は見《み》られなかったのです。

初《はじ》め、たがいに顔《かお》を知《し》り合《あ》わない間《あいだ》は、二人《ふたり》は敵《てき》か味方《みかた》かというような感《かん》じがして、ろくろくものもいいませんでしたけれど、いつしか二人《ふたり》は仲《なか》よしになってしまいました。二人《ふたり》は、ほかに話《はなし》をする相手《あいて》もなく退屈《たいくつ》であったからであります。そして、春《はる》の日《ひ》は長《なが》く、うららかに、頭《あたま》の上《うえ》に照《て》り輝《かがや》いているからでありました。

【まれ】
めったにないさま。珍《めずら》しいさま。

【ろくろく】
十分《じゅうぶん》に。満足《まんぞく》に。

文脈《ぶんみゃく》クエスチョン

ふたりの兵士《へいし》が仲良《なかよ》しになった理由《りゆう》に当《あ》てはまらないものはどれ？

1. 退屈《たいくつ》だったから
2. 2つの国《くに》の大《おお》きさに差《さ》があったから
3. 春《はる》で気候《きこう》がおだやかだったから
4. 平和《へいわ》だったから

人《ひと》と人《ひと》とが友達《ともだち》になるきっかけは、さまざまだよね。年齢《ねんれい》も出身《しゅっしん》も違《ちが》うふたりの兵士《へいし》が仲良《なかよ》くなったのは、どうしてだろう？　戦《たたか》いの真《ま》っ最中《さいちゅう》だったら、仲良《なかよ》くなるのは難《むずか》しそうだよね。

A

② 2つの国《くに》の大《おお》きさに差《さ》があったから

解説《かいせつ》

「野《の》ばら」は、国境《こっきょう》を守《まも》るふたりの兵士《へいし》の物語《ものがたり》だよ。春《はる》のおだやかな天気《てんき》と平和《へいわ》な空《くう》気《き》、そして旅人《たびびと》が滅多《めった》に通《とお》らないという条件《じょうけん》が重《かさ》なって、ふたりは徐々《じょじょ》に仲良《なかよ》くなっていくんだ。「大《おお》きな国《くに》と、それよりはすこし小《ちい》さな国《くに》」と書《か》いてあるけれど、友達《ともだち》になったことに国《くに》の大《おお》きさは影《えい》響《きょう》していないよね。物語《ものがたり》が進《すす》むと戦争《せんそう》が始《はじ》まり、ふたりの生活《せいかつ》にも悲《かな》しく切《せつ》ない変化《へんか》が訪《おとず》れるよ。

童話《どうわ》の文脈《ぶんみゃく》をとらえよう！

「休《やす》み日《び》の算用数字《さんようすうじ》」

相馬泰三《そうまたいぞう》

あらすじ 算用数字《さんようすうじ》の1と2と3と4が散歩《さんぽ》をしています。

四人《よにん》は歩《ある》きつかれたので、とあるベンチに腰《こし》をおろして一休《ひとやす》みすることにしました。ところが四人《よにん》でいっしょに腰《こし》をかけるのには、ベンチがすこしせますぎたので、はしっこになった1と4とが、

「ぼくは、おしりが半分《はんぶん》はみだしているんだぜ。」

「がまんして、もっとつめあってくれたまえ。」

こんなことをいいながら、力《ちから》まかせにぎゅっと両《りょう》方《ほう》からおしました。すると、どうでしょう、とたん

に2と3と4の姿《すがた》がいっぺんに消《き》えて、そのかわりに、天《てん》から降《ふ》ってきたか地《ち》からわいたか、0という字《じ》が1のそばにちょこなんと腰《こし》かけていたではありませんか。いったい、どうしたということでしょう？

【ちょこなん】
小《ちい》さくじっとかしこまっている様子《ようす》。ちょこん。

文脈《ぶんみゃく》クエスチョン

この童話《どうわ》はなぞなぞになっているよ。お話《はなし》の中《なか》で使《つか》われている計算《けいさん》はどれだろう？

❶ 足《た》し算《ざん》

❷ 引《ひ》き算《ざん》

❸ 掛《か》け算《ざん》

❹ 割《わ》り算《ざん》

数字《すうじ》が自分《じぶん》の意思《いし》を持《も》って生活《せいかつ》している不思議《ふしぎ》な世界《せかい》のお話《はなし》だね。1と2と3と4がぎゅうぎゅうに座《すわ》っているという情景《じょうけい》を想像《そうぞう》すると、なんの計算《けいさん》か予想《よそう》がつくかな？

A

❶ 足《た》し算《ざん》

解説《かいせつ》

ベンチに座《すわ》った１と２と３と４が押《お》し合《あ》うと、足《た》し算《ざん》になるというからくりだね。式《しき》にすると「１＋２＋３＋４＝10」だから、２と３と４が消《き》えて０が出現《しゅつげん》したんだ。「でも、それって違《ちが》うよね？」と気付《きづ》いたキミは算数《さんすう》のセンスがあるよ。１から４までが消《き》えて、新《あら》たに１と０が出現《しゅつげん》する方《ほう》が数学的《すうがくてき》には正《ただ》しい。最《さい》初《しょ》にいた１は一《いち》の位《くらい》、足《た》し算《ざん》のあとにいる１は十《じゅう》の位《くらい》だから、同《おな》じ１ではないんだよ。

レシピの文脈《ぶんみゃく》をとらえよう！

「蒸《む》し料理《りょうり》」 村井弦斎《むらいげんさい》

あらすじ 明治時代《めいじじだい》の料理教室《りょうりきょうしつ》で、「牛乳《ぎゅうにゅう》が嫌《きら》いな人《ひと》でもおいしく食《た》べられる料理《りょうり》はないか」という質問《しつもん》に先生《せんせい》が答《こた》えています。

「ハイありますとも、私《わたし》もよくそういう人《ひと》に牛乳《ぎゅうにゅう》料理《りょうり》を拵《こしら》えて食《た》べさせました。道具《どうぐ》のない田舎《いなか》や山《やま》の中《なか》で手軽《てがる》に出来《でき》るのは手軽《てがる》な□といって牛乳《ぎゅうにゅう》と玉子《たまご》の蒸物《むしもの》が一番軽便《いちばんけいべん》ですね。それは玉子《たまご》二《ふた》つへ牛乳一合《ぎゅうにゅういちごう》と砂糖《さとう》を大匙《おおさじ》二杯《にはい》と少《すこ》しずつ混《ま》ぜながら入《い》れて箸《はし》でよく掻《か》き廻《まわ》してドロドロにしたものを茶碗蒸《ちゃわんむし》の茶碗《ちゃわん》なら上等《じょうとう》ですしあるいは御飯《ごはん》

【拵《こしら》える】 きちんと作《つく》り上《あ》げる。

【軽便《けいべん》】 手軽《てがる》で便利《べんり》なこと。

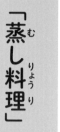

の茶碗《ちゃわん》へ入《い》れて冠《かぶ》さるほどの皿《さら》を蓋《ふた》にしてもようございます。最初《さいしょ》から気短《きみじか》に玉子《たまご》と牛乳《ぎゅうにゅう》を一度《いちど》に混《ま》ぜるとツブツブになっていけません。少《すこ》しずつ混《ま》ぜて拵《こしら》えておいて釜《かま》の中《なか》へ少《すこ》し水《みず》を入《い》れて今《いま》の茶碗《ちゃわん》を三《みっ》つでも四《よっ》つでも置《お》いて重《おも》い蓋《ふた》を釜《かま》へ載《の》せておよそ二十分位《にじゅっぷんくらい》蒸《む》します。その時蓋《ときふた》を取《と》ってカステラの時《とき》のように細《ほそ》い箸《はし》を中央《まんなか》へ通《とお》してみれば出来《でき》ない時《とき》はネバったものが着《つ》いて来《き》ます。それがつかなければモー出来上《できあが》ったのです。こうして食《た》べさせるとどんなに牛乳《ぎゅうにゅう》の嫌《きら》いな人《ひと》でも美味《おい》しいといって悦《よろこ》びますよ。」

【冠《かぶ》さるほどの】全体《ぜんたい》をおおうぐらいの。

文脈《ぶんみゃく》クエスチョン

□には明治時代《めいじじだい》に使《つか》われていた料理《りょうり》の名前《なまえ》が入《はい》るよ。
現代《げんだい》のメニューに言《い》い換《か》えると？

1 蒸《む》しパン
2 オムレツ
3 茶碗蒸《ちゃわんむ》し
4 カスタードプリン

まずは材料《ざいりょう》を整理《せいり》してみよう。3つの食材《しょくざい》でできるシンプルな料理《りょうり》だね。次《つぎ》に作《つく》り方《かた》とタイトルに注目《ちゅうもく》すれば、おのずと答《こた》えが見《み》えてくるはずだよ。

A

④カスタードプリン

解説《かいせつ》

このレシピで出来上《できあ》がるのはカスタードプリン。作中《さくちゅう》では「カスタープデン」と書《か》かれているよ。問題《もんだい》にしたのは明治時代《めいじじだい》の文章《ぶんしょう》だから、わかりづらくてイライラした人《ひと》もいるんじゃないかな。でも難《むずか》しい文章《ぶんしょう》も、電気《でんき》が点《つ》くように「わかった！」とひらめく瞬間《しゅんかん》があるんだ。理解《りかい》できている情報《じょうほう》をつなぎ合《あ》わせることと、深呼吸《しんこきゅう》をしながら落《お》ち着《つ》くことが難《むずか》しい文章《ぶんしょう》を読《よ》み解《と》くコツだよ。

小説《しょうせつ》の文脈《ぶんみゃく》をとらえよう！

「鮨《すし》」 岡本《おかもと》かの子《こ》

あらすじ 東京屈指《とうきょうくっし》のすし店《てん》で修行《しゅぎょう》を積《つ》んだ主人《しゅじん》が営《いとな》む「福《ふく》ずし」に来店《らいてん》する人々《ひとびと》のお話《はなし》です。

湊《みなと》はこの店《みせ》へ来《く》る常連《じょうれん》とは分《わ》け隔《へだ》てなく話《はな》す。競《けい》馬《ば》の話《はなし》、株《かぶ》の話《はなし》、時局《じきょく》の話《はなし》、碁《ご》、将棋《しょうぎ》の話《はなし》、盆栽《ぼんさい》の話《はなし》——大体《だいたい》こういう場所《ばしょ》の客《きゃく》の間《あいだ》に交《か》わされる話題《わだい》に洩《も》れないものだが、湊《みなと》は、八分《はちぶ》は相手《あいて》に話《はな》さして、二分《にぶ》だけ自分《じぶん》が口《くち》を開《ひら》くのだけれども、その寡黙《かもく》は相手《あいて》を見下《みさ》げているのでもなく、つまらないのを我《が》慢《まん》しているのでもない。その証拠《しょうこ》には、盃《さかずき》の一《ひと》つも

【時局《じきょく》】国《くに》や社会《しゃかい》、世《よ》の中《なか》の成《な》り行《ゆ》き。情勢《じょうせい》。

【寡黙《かもく》】口数《くちかず》が少《すく》ないこと。おしゃべりでないこと。

さされると
「いやどうも、僕《ぼく》は身体《からだ》を壊《こわ》していて、酒《さけ》はすっかりとめられているのですが、せっかくですから、じゃ、まあ、頂《いただ》きましょうかな」といって、細《ほそ》いがっしりとしている手《て》を、何度《なんど》も振《ふ》って、さも敬意《けいい》を表《ひょう》するように鮮《あざや》かに盃《さかずき》を受取《うけと》り、気持《きも》ちよく飲《の》んでまた盃《さかずき》を返《かえ》す。そして徳利《とっくり》を器用《きよう》に持上《もちあ》げて酌《しゃく》をしてやる。その挙動《きょどう》の間《あいだ》に、いかにも［　　］他人《たにん》の好意《こうい》に対《たい》しては、何倍《なんばい》にかして返《かえ》さなくては気《き》が済《す》まない性分《しょうぶん》が現《あらわ》れているので、常連《じょうれん》の間《あいだ》で、先生《せんせい》は好《い》い人《ひと》だということになっていた。

【さす】
器《うつわ》に酒《さけ》を注《そそ》ぎ入《い》れる。

【徳利《とっくり》】
容器《ようき》の一種《いっしゅ》。酒《さけ》を入《い》れて盃《さかずき》に注《そそ》ぐために用《もち》いる。

【酌《しゃく》をする】
酒《さけ》を盃《さかずき》やグラスなどに注《そそ》ぐこと。

【挙動《きょどう》】
動作《どうさ》。様子《ようす》。

文脈《ぶんみゃく》クエスチョン

□に入《はい》るもっとも適切《てきせつ》な言葉《ことば》はどれだろう？

1 人間《にんげん》ぎらいで

2 冷酷《れいこく》で

3 淡々《たんたん》としていて

4 人《ひと》なつこく

酒《さけ》を酌《く》み交《か》わす場面《ばめん》の描写《びょうしゃ》だね。お酌《しゃく》をしてもらったら飲《の》み干《ほ》し、相手《あいて》に盃《さかずき》と酒《さけ》をさし返《かえ》すことを「返盃《へんぱい》」というよ。湊《みなと》（先生《せんせい》）は、どんな様子《ようす》で返盃《へんぱい》しているかな。

A

④ 人《ひと》なつこく

解説《かいせつ》

「鮨《すし》」はすし店《てん》の娘《むすめ》と、常《じょう》連客《れんきゃく》のひとりである湊《みなと》との交《こう》流《りゅう》を描《えが》いた小説《しょうせつ》だよ。湊《みなと》は他《た》人《にん》から受《う》けた好意《こうい》を何倍《なんばい》かにして返《かえ》さないと気《き》が済《す》まない性分《しょうぶん》のようだね。自分《じぶん》が受《う》けた親切《しんせつ》に感謝《かんしゃ》して、それ以《い》上《じょう》の親切《しんせつ》を返《かえ》せる人《ひと》は、誰《だれ》とでもすぐに仲良《なかよ》くなれる親《した》しみやすい人柄《ひとがら》だといえる。「人《ひと》なつこい（人《ひと》なつっこい）」は、まさにそういった意味合《いみあ》いの言葉《ことば》。魅力的《みりょくてき》な湊《みなと》の人《じん》物像《ぶつぞう》を読《よ》み解《と》けたかな。

小説《しょうせつ》の文脈《ぶんみゃく》をとらえよう！

「蜜柑《みかん》」

芥川龍之介《あくたがわりゅうのすけ》

或曇《あるくも》った冬《ふゆ》の日暮《ひぐれ》である。私《わたくし》は横須賀《よこすか》発上《はつのぼ》り二等《にとう》客車《きゃくしゃ》の隅《すみ》に腰《こし》を下《おろ》して、ぼんやり発車《はっしゃ》の笛《ふえ》を待《ま》っていた。とうに電燈《でんとう》のついた客車《きゃくしゃ》の中《なか》には、珍《めず》らしく私《わたくし》の外《ほか》に一人《ひとり》も乗客《じょうきゃく》はいなかった。外《そと》を覗《のぞ》くと、うす暗《ぐら》いプラットフォオムにも、今日《きょう》は珍《めずら》しく見送《みおく》りの人影《ひとかげ》さえ跡《あと》を絶《た》って、唯《ただ》、檻《おり》に入《い》れられた小犬《こいぬ》が一匹《いっぴき》、時々悲《ときどきかな》しそうに、吠《ほ》え立《た》てていた。これらはその時《とき》の私《わたくし》の心《こころ》もちと、不思議《ふしぎ》な位《くらい》似《に》つかわしい景色《けしき》だった。私《わたくし》の頭《あたま》の中《なか》には云《い》いようのない疲労《ひろう》と

【二等客車《にとうきゃくしゃ》】
鉄道《てつどう》の車両《しゃりょう》の種類《しゅるい》。乗客《じょうきゃく》へのサービスの違《ちが》いで一等《いっとう》・二《に》等《とう》・三等《さんとう》の3種類《しゅるい》があった。

【プラットフォオム】
プラットホーム。駅《えき》で客《きゃく》が乗《の》り降《お》りし、荷物《にもつ》の積《つ》み下《お》ろしをする場所《ばしょ》。

倦怠《けんたい》とが、まるで雪曇《ゆきぐも》りの空《そら》のようなどんよりした影《かげ》を落《お》としていた。私《わたくし》は外套《がいとう》のポケットへじっと両《りょう》手《て》をつっこんだまま、そこにはいっている夕刊《ゆうかん》を出《だ》して見《み》ようと云《い》う元気《げんき》さえ起《お》こらなかった。

が、やがて発車《はっしゃ》の笛《ふえ》が鳴《な》った。私《わたくし》はかすかな心《こころ》の寛《くつろ》ぎを感《かん》じながら、後《うしろ》の窓枠《まどわく》へ頭《あたま》をもたせて、眼《め》の前《まえ》の停車場《ていしゃじょう》がずるずると後《あと》ずさりを始《はじ》めるのを待《ま》つともなく待《ま》ちかまえていた。ところがそれよりも先《さき》にけたたましい日和下駄《ひよりげた》の音《おと》が、改札口《かいさつぐち》の方《ほう》から聞《きこ》え出《だ》したと思《おも》うと、間《ま》もなく車掌《しゃしょう》の何《なに》か云《い》い罵《ののし》る声《こえ》と共《とも》に、私《わたくし》の乗《の》っている二等室《にとうしつ》の戸《と》ががらりと開《ひら》いて、十三四《じゅうさんし》の小娘《こむすめ》が一人《ひとり》、慌《あわただ》しく中《なか》へはいって来《き》た、と同時《どうじ》に一《ひと》つずしりと揺《ゆ》れて、徐《おもむろ》に汽車《きしゃ》は動《うご》き出《だ》した。

【倦怠《けんたい》】
心《こころ》と体《からだ》が疲《つか》れてだるいこと。

【外套《がいとう》】
コート。

【けたたましい】
急《きゅう》に高《たか》い音《おと》や大《おお》きな声《こえ》が響《ひび》き渡《わた》ってさわがしいさま。

【日和下駄《ひよりげた》】
おもに晴《は》れた日《ひ》に履《は》く歯《は》の低《ひく》い下駄《げた》。

【罵《ののし》る】
ひどい言葉《ことば》で悪口《わるくち》を言《い》う。

【徐《おもむろ》に】
静《しず》かにゆっくりと。

文脈《ぶんみゃく》クエスチョン

Q 次《つぎ》のうち、「その時《とき》の私《わたくし》の心《こころ》もち」に似《に》つかわしくない景色《けしき》はどれ？

1 檻《おり》に入《い》れられた子犬《こいぬ》

2 けたたましい日和下駄《ひよりげた》の音《おと》

3 或曇《あるくも》った冬《ふゆ》の日暮《ひぐれ》

4 うす暗《ぐら》いプラットフォオム

読《よ》んでいるこちらもぐったりしてしまうほど、主人公《しゅじんこう》のどんよりとした気持《きも》ちが伝《つた》わってくるね。でも、選択肢《せんたくし》の中《なか》に1つだけ印象《いんしょう》の違《ちが》うものがないかな？

A

② けたたましい日和下駄《ひよりげた》の音《おと》

解説《かいせつ》

同《おな》じ景色《けしき》を見《み》ているのに、悲《かな》しいときと楽《たの》しいときでがらりと印象《いんしょう》が変《か》わった経験《けいけん》はあるかな。自分《じぶん》の外側《そとがわ》にある風景《ふうけい》と自分《じぶん》の内側《うちがわ》にある心《こころ》(感情《かんじょう》)は、見《み》えないところでつながっているんだ。だから疲《つか》れ切《き》っている「蜜柑《みかん》」の主人公《しゅじんこう》の周《まわ》りには、「檻《おり》に入《い》れられた」「曇《くも》った冬《ふゆ》」「うす暗《ぐら》い」など、気持《きも》ちを暗示《あんじ》するような描写《びょうしゃ》が多《おお》いんだね。でも「けたたましい日和下駄《ひよりげた》の音《おと》」に、もの悲《がな》しさは感《かん》じないよね。

小説《しょうせつ》の文脈《ぶんみゃく》をとらえよう！

「駆込《かけこ》み訴《うった》え」

太宰治《だざいおさむ》

申《もう》し上《あ》げます。申《もう》し上《あ》げます。旦那《だんな》さま。あの人《ひと》は、酷《ひど》い。酷《ひど》い。はい、厭《いや》な奴《やつ》です。悪《わる》い人《ひと》です。ああ。我慢《がまん》ならない。生《い》かして置《お》けねえ。

はい、はい。落《お》ちついて申《もう》し上《あ》げます。あの人《ひと》を、生《い》かして置《お》いてはなりません。世《よ》の中《なか》の仇《かたき》です。はい、何《なに》もかも、すっかり、全部《ぜんぶ》、申《もう》し上《あ》げます。私《わたし》は、あの人《ひと》の居所《いどころ》を知《し》っています。すぐに御案内申《ごあんないもう》します。ずたずたに切《き》りさいなんで、殺《ころ》して下《くだ》さい。あの人《ひと》は、私《わたし》の師《し》です。主《しゅ》です。けれども私《わたし》と同《おな》じ

【主《しゅ》】キリスト教《きょう》で神《かみ》、またはキリスト。

年《とし》です。三十四《さんじゅうし》であります。私《わたし》は、あの人《ひと》よりたった二月《ふたつき》おそく生《うま》れただけなのです。たいした違《ちが》いが無《な》い筈《はず》だ。人《ひと》と人《ひと》との間《あいだ》に、そんなにひどい差別《さべつ》は無《な》い筈《はず》だ。それなのに私《わたし》はきょう迄《まで》あの人《ひと》に、どれほど意地悪《いじわる》くこき使《つか》われて来《き》たことか。どんなに嘲弄《ちょうろう》されて来《き》たことか。ああ、もう、いやだ。堪《た》えられるところ迄《まで》は、堪《た》えて来《き》たのだ。怒《おこ》る時《とき》に怒《おこ》らなければ、人間《にんげん》の甲斐《かい》がありません。私《わたし》は今《いま》まであの人《ひと》を、どんなにこっそり庇《かば》ってあげたか。誰《だれ》も、ご存《ぞん》じ無《な》いのです。

【嘲弄《ちょうろう》】
ばかにして、からかうこと。

【堪《た》える】
つらい思《おも》いを我慢《がまん》する。辛抱《しんぼう》する。

【甲斐《かい》】
なにかをしたことによって得《え》られる満足感《まんぞくかん》。

文脈《ぶんみゃく》クエスチョン

これは、どんな場面《ばめん》を描《えが》いた小説《しょうせつ》だろう？

❶「私《わたし》」と「あの人《ひと》」の口論《こうろん》を「旦那《だんな》さま」が聞《き》いている

❷「私《わたし》」が「あの人《ひと》」の悪口《わるくち》を「世《よ》の中《なか》」に言《い》いふらしている

❸「あの人《ひと》」を憎《にく》む「私《わたし》」を雇《やと》ってほしいと「旦那《だんな》さま」にお願《ねが》いしている

❹「あの人《ひと》」を探《さが》している「旦那《だんな》さま」に「私《わたし》」が居場所《いばしょ》を教《おし》えようとしている

タイトルの「駈込《かけこ》み訴《うった》え」は、決《き》められた手順《てじゅん》に従《したが》わず、役所《やくしょ》に駆《か》け込《こ》んで自分《じぶん》の主張《しゅちょう》を役人《やくにん》に願《ねが》い出《で》ることだよ。江戸時代《えどじだい》の日本《にほん》で行《おこな》われていたんだ。

A

④「あの人《ひと》」を探《さが》している「旦那《だんな》さま」に「私《わたし》」が居場所《いばしょ》を教《おし》えようとしている

解説《かいせつ》

「駆込《かけこ》み訴《うった》え」は、キリスト（あの人《ひと》）を裏切《うらぎ》るユダ（私《わたし》）が、役人《やくにん》（旦那《だんな》さま）に向《む》かって話《はな》し続《つづ》ける形式《けいしき》の小説《しょうせつ》だよ。物語《ものがたり》の出《で》だしではキリストを憎《にく》み切《き》っているけれども、もともとは熱烈《ねつれつ》な愛情《あいじょう》を持《も》っていたことが明《あ》かされるんだ。ユダのように愛《いと》しい気持《きも》ちと憎《にく》い気持《きも》ちが半分《はんぶん》ずつある状態《じょうたい》を「愛憎相半《あいぞうあいなか》ばする」と表現《ひょうげん》するよ。全文《ぜんぶん》を読《よ》んでユダの複雑《ふくざつ》な感情《かんじょう》とその勢《いきお》いを味《あじ》わってほしいな。

源氏物語《げんじものがたり》の文脈《ぶんみゃく》をとらえよう！

「桐壺《きりつぼ》」

紫式部《むらさきしきぶ》（現代語訳《げんだいごやく》・与謝野晶子《よさのあきこ》）

どの天皇様《てんのうさま》の御代《みよ》であったか、女御《にょご》とか更衣《こうい》とかいわれる後宮《こうきゅう》がおおぜいいた中《なか》に、最上《さいじょう》の貴族出身《きぞくしゅっしん》ではないが深《ふか》い御愛寵《ごあいちょう》を得《え》ている人《ひと》があった。最初《さいしょ》から自分《じぶん》こそはという自信《じしん》と、親兄弟《おやきょうだい》の勢力《せいりょく》に恃《たの》む所《ところ》があって宮中《きゅうちゅう》にはいった女御《にょご》たちからは失敬《しっけい》な女《おんな》としてねたまれた。その人《ひと》と同等《どうとう》、もしくはそれより地位《ちい》の低《ひく》い更衣《こうい》たちはまして嫉妬《しっと》の焔《ほのお》を燃《も》やさないわけもなかった。夜《よる》の御殿《おとど》の宿直所《とのいどころ》から退《さが》る朝《あさ》、続《つづ》いてその人《ひと》ばかりが召《め》される夜《よる》、目《め》に見耳《みみ》に聞《き》い

【御代《みよ》】天皇《てんのう》が在位《ざいい》している期間《きかん》。

【女御《にょご》】平安時代《へいあんじだい》、天皇《てんのう》に仕《つか》えた女性《じょせい》。更衣《こうい》よりも地位《ちい》が上《うえ》。

【更衣《こうい》】平安時代《へいあんじだい》、天皇《てんのう》に仕《つか》えた女性《じょせい》。天皇《てんのう》の衣《ころも》をかえる役目《やくめ》を果《は》たした。

【後宮《こうきゅう》】天皇《てんのう》や皇后《こうごう》、女官《にょかん》などが寝起《ねお》きする建物《たてもの》。また、そこに住《す》む女性《じょせい》たちの総称《そうしょう》。天皇《てんのう》が昼間《ひるま》過《す》ごす建物《たてもの》の後方《こうほう》にあったことから「後宮《こうきゅう》」の名前《なまえ》がついた。

て口惜《くちお》しがらせた恨《うら》みのせいもあったかからだが弱《よわ》くなって、心細《こころぼそ》くなった更衣《こうい》は多《おお》く実家《じっか》へ下《さ》がっていがちということになると、いよいよ帝《みかど》はこの人《ひと》にばかり心《こころ》をお引《ひ》かれになるという御様子《ごようす》で、人《ひと》が何《なん》と批評《ひひょう》をしようともそれに御遠慮《ごえんりょ》などというものがおできにならない。


【愛寵《あいちょう》】大切《たいせつ》にして愛《あい》すること。

【恃《たの》む】あてにする。

【宮中《きゅうちゅう》】天皇《てんのう》がいる建物《たてもの》の中《なか》。

【嫉妬《しっと》】自分《じぶん》より恵《めぐ》まれている人《ひと》をうらんで憎《にく》むこと。自分《じぶん》の愛《あい》する人《ひと》の愛情《あいじょう》がほかの人《ひと》に向《む》けられるのを憎《にく》むこと。

【宿直所《とのいどころ》】宮中《きゅうちゅう》に宿泊《しゅくはく》して天皇《てんのう》を警護《けいご》する人《ひと》が過《す》ごす場所《ばしょ》。

【帝《みかど》】天皇《てんのう》。

文脈《ぶんみゃく》クエスチョン

どうして更衣《こうい》たちは「深《ふか》い御愛寵《ごあいちょう》を得《え》ている人《ひと》」に嫉妬《しっと》の焔《ほのお》を燃《も》やしたんだろう？

1 深《ふか》い御愛寵《ごあいちょう》を得《え》ている人《ひと》の体《からだ》が弱《よわ》かったから

2 深《ふか》い御愛寵《ごあいちょう》を得《え》ている人《ひと》の身分《みぶん》が自分《じぶん》と同《おな》じぐらいか、自分《じぶん》の方《ほう》が低《ひく》かったから

3 深《ふか》い御愛寵《ごあいちょう》を得《え》ている人《ひと》が実家《じっか》に帰《かえ》ることを許《ゆる》されたから

4 深《ふか》い御愛寵《ごあいちょう》を得《え》ている人《ひと》にはあてになる親兄弟《おやきょうだい》がいたから

「まして」は「……以上《いじょう》に」や「なおいっそう」といった意味合《いみあ》いだよ。地位《ちい》の高《たか》い女性《じょせい》よりも低《ひく》い女性《じょせい》の方《ほう》が、嫉妬《しっと》の度合《どあ》いが深《ふか》いということだね。

A

② 深《ふか》い御愛寵《ごあいちょう》を得《え》ている人《ひと》の身分《みぶん》が自分《じぶん》と同《おな》じぐらいか、自分《じぶん》の方《ほう》が低《ひく》かったから

解説《かいせつ》

「源氏物語《げんじものがたり》」は、平安貴族《へいあんきぞく》の恋愛模様《れんあいもよう》を描《えが》いた長編小《ちょうへんしょう》説《せつ》だよ。多《おお》くの子孫《しそん》を残《のこ》すため、当時《とうじ》の天皇《てんのう》は複数《ふくすう》の女性《じょせい》と結婚《けっこん》したんだ。作中《さくちゅう》の「深《ふか》い御愛寵《ごあいちょう》を得《え》ている人《ひと》」は桐《きり》壺《つぼ》の更衣《こうい》と呼《よ》ばれ、天皇《てんのう》に深《ふか》く愛《あい》された。家柄《いえがら》や地位《ちい》の高《たか》い女性《じょせい》たちが彼女《かのじょ》に抱《いだ》く気持《きも》ちには余裕《よゆう》があるのだけれど、彼女《かのじょ》と同《おな》じか低《ひく》い地位《ちい》の女性《じょせい》たちは、「愛情《あいじょう》でも地位《ちい》でも勝《か》てるところがない」と思《おも》い、強《つよ》い憎《にく》しみを感《かん》じたんだね。

STEP《ステップ》

3

要約《ようやく》する力《ちから》を磨《みが》こう

「この文《ぶん》はどんなことが書《か》いてあるの？」と聞《き》かれたときに、説明《せつめい》が長《なが》くなったり、自分《じぶん》の感想《かんそう》を言《い》ったりするのは、要約《ようやく》する力《ちから》が足《た》りないから。文章《ぶんしょう》の大事《だいじ》な部分《ぶぶん》を抜《ぬ》き出《だ》してまとめるスキルを身《み》につけよう。

先生《せんせい》、このSTEP《ステップ》はどう読《よ》むの？

架空《かくう》のニュースが書《か》かれている「動物毎日新聞《どうぶつまいにちしんぶん》」を使《つか》って、文章《ぶんしょう》をまとめるトレーニングをしていくよ。「①キーワードを抜《ぬ》き出《だ》す、②キーワードを交《まじ》えて見出《みだ》しをつける、③30～40文字程度《もじていど》で短《みじか》くまとめる」という3つの手順《てじゅん》で、文章《ぶんしょう》を要約《ようやく》してみよう。

新聞《しんぶん》の社会面《しゃかいめん》を読《よ》み、まとめよう！

動物毎日新聞《どうぶつまいにちしんぶん》

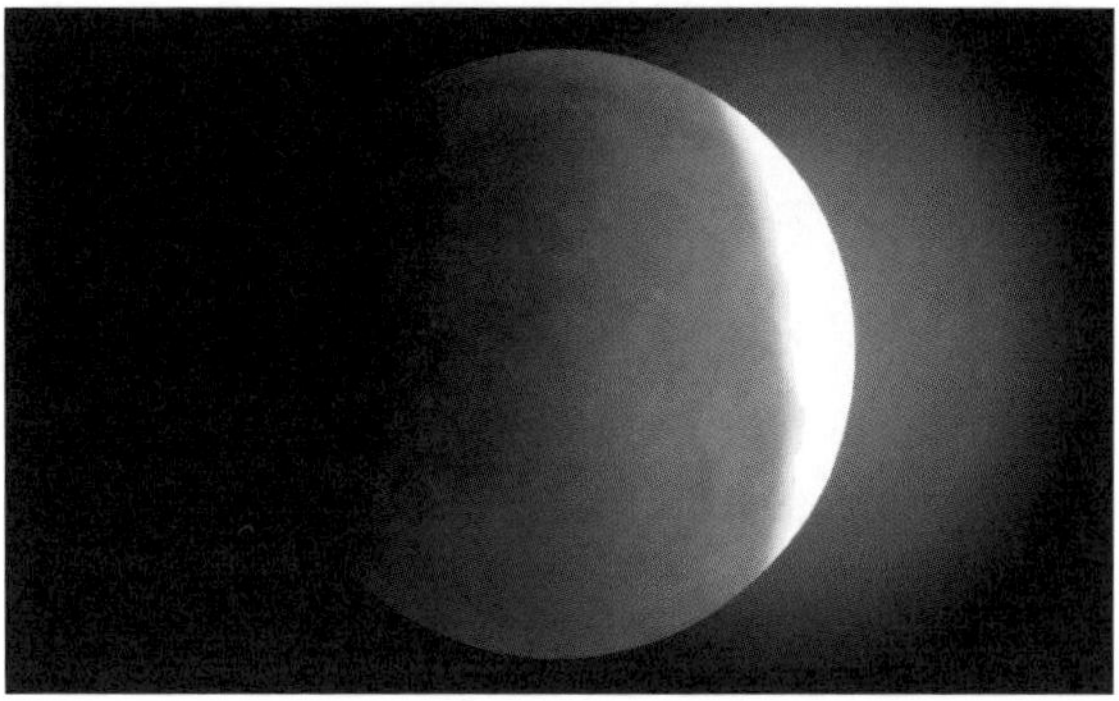

2月《がつ》16日《にち》の夜《よる》8時《じ》ごろから、最大《さいだい》で月《つき》の約《やく》90％《パーセント》が欠《か》けたように見《み》える部分月《ぶぶんげっ》食《しょく》が観測《かんそく》されました。天気《てんき》にも恵《めぐ》まれ、全国各地《ぜんこくかくち》で観《かん》測会《そくかい》が開《ひら》かれました。

月食《げっしょく》は、太陽《たいよう》と地球《ちきゅう》と月《つき》が一直線《いっちょくせん》に並《なら》ぶ満月《まんげつ》の夜《よる》に起《お》こります。普段《ふだん》は太陽《たいよう》の光《ひかり》を反射《はんしゃ》して光《ひか》っている月《つき》に地球《ちきゅう》の影《かげ》がうつり、地《ち》上《じょう》からは欠《か》けているように見《み》えるのです。地球《ちきゅう》の影《かげ》で月《つき》のすべてが隠《かく》れることを「皆既月食《かいきげっしょく》」、一部《いちぶ》が隠《かく》れることを「部分月食《ぶぶんげっしょく》」と呼《よ》びます。

今回《こんかい》の月食《げっしょく》では、欠《か》けた部分《ぶぶん》が黒《くろ》ではなく赤《あか》く色《いろ》づいて見《み》えました。これは地《ち》球《きゅう》の大気《たいき》によって太陽《たいよう》の光《ひかり》が散乱《さんらん》し、赤色《あかいろ》の光《ひかり》だけが月《つき》に届《とど》くために起《お》きた現《げん》象《しょう》で、夕焼《ゆうや》けが赤《あか》く見《み》えるのと同《おな》じ原理《げんり》がはたらいています。

まずはキーワードを抜《ぬ》き出《だ》そう！

たとえば…

「出来事《できごと》」に注目《ちゅうもく》すると

部分月食《ぶぶんげっしょく》

月食《げっしょく》には２つの種類《しゅるい》があるんだね。新聞《しんぶん》では、月《つき》の約《やく》90%《パーセント》が欠《か》けて見《み》える「部分月食《ぶぶんげっしょく》」を取《と》り上《あ》げているよ。

「日時《にちじ》」に注目《ちゅうもく》すると

2月《がつ》16日《にち》の夜《よる》8時《じ》ごろ

見出《みだ》しや要約《ようやく》には、「いつ」や「どこ」に関《かん》する言葉《ことば》を入《い》れるようにしよう。

「色《いろ》」に注目《ちゅうもく》すると

赤《あか》く色《いろ》づいて

月食《げっしょく》を観測《かんそく》していない人《ひと》にも伝《つた》わるように、具体的《ぐたいてき》な様子《ようす》が書《か》いてあるんだね。

注目《ちゅうもく》ポイント

どうして新聞記事《しんぶんきじ》やニュースになったのか、その理由《りゆう》に注目《ちゅうもく》するとキーワード（大事《だいじ》な言葉《ことば》）が見《み》えてくるよ。

次《つぎ》に見《み》出《だ》しをつけてみよう！

たとえば…

「出来事《できごと》」と「隠《かく》れる割合《わりあい》」に注目《ちゅうもく》すると

月《つき》の90%《パーセント》が隠《かく》れる部分月食《ぶぶんげっしょく》を観測《かんそく》

「出来事《できごと》」と「色《いろ》」と「場所《ばしょ》」に注目《ちゅうもく》すると

月《つき》が赤《あか》く色《いろ》づく部分月食《ぶぶんげっしょく》を全国《ぜんこく》で観測《かんそく》

注目《ちゅうもく》ポイント

「見出《みだ》し」は本文《ほんぶん》の大切《たいせつ》なところを短《みじか》くまとめた言葉《ことば》のこと。キーワードを入《い》れるように意識《いしき》すると「伝《つた》わる」見出《みだ》しになるよ。

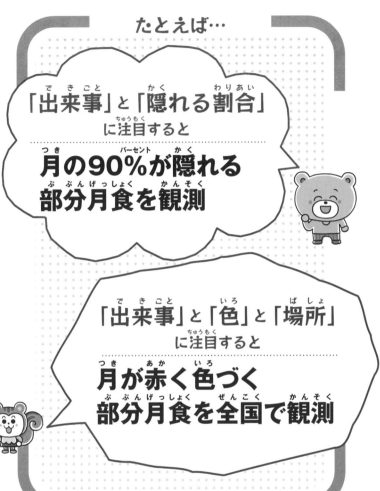

最後《さいご》に30～40文字《もじ》を目安《めやす》に要約《ようやく》してみよう！

たとえば…

2月《がつ》16日《にち》の夜《よる》8時《じ》ごろ、月《つき》の約《やく》90%《パーセント》が欠《か》けて見《み》える「部分月食《ぶぶんげっしょく》」が観測《かんそく》された。

全国《ぜんこく》で観測《かんそく》された「部分月食《ぶぶんげっしょく》」は、大気《たいき》と光《ひかり》の関係《かんけい》によって赤《あか》く色《いろ》づいて見《み》えた。

注目《ちゅうもく》ポイント

文章《ぶんしょう》の大事《だいじ》なところを抜《ぬ》き出《だ》し、つなげていく要約《ようやく》は「だ」「である」で書《か》くのが基本《きほん》だよ。

新聞《しんぶん》の経済面《けいざいめん》を読《よ》み、まとめよう！

動物毎日新聞《どうぶつまいにちしんぶん》

　どうぶつ銀行《ぎんこう》は、12歳以《さいい》下《か》の子《こ》どもが銀行口座《ぎんこうこうざ》を作《つく》った場合《ばあい》、預《あず》けたお金《かね》に対《たい》する金利《きんり》を年利《ねんり》３％《パーセント》にすると発表《はっぴょう》しました。今年《ことし》の４月１日《がついたち》から開設《かいせつ》が可能《かのう》になるそうです。

　どうぶつ銀行《ぎんこう》の頭取《とうどり》のアライグマさんは記者会見《きしゃかいけん》で「子《こ》どものみなさんは、大《たい》切《せつ》なお金《かね》を安心《あんしん》して預《あず》けてください。お金《かね》と経済《けいざい》の仕《し》組《く》みを学《まな》べるホームページも作《つく》ります」と語《かた》りました。

　金利《きんり》とは、貸《か》したり預《あず》けたりしたお金《かね》につく利子《りし》（決《き》まった割合《わりあい》で受《う》け取《と》れるお金《かね》）のことです。たとえば１００万円《まんえん》をどうぶつ銀行《ぎんこう》に預《あず》けた場合《ばあい》、１年後《ねんご》の預金額《よきんがく》は１０３万円《まんえん》になります。発表《はっぴょう》を聞《き》いたヤギさん（８歳《さい》）は、「今《いま》まで貯《た》めていたお年玉《としだま》を預《あず》けたいと思《おも》います」とうれしそうに話《はな》していました。

まずはキーワードを抜《ぬ》き出《だ》そう！

たとえば…

「名前《なまえ》」に注目《ちゅうもく》すると

どうぶつ銀行《ぎんこう》

ニュースになっている人《ひと》や会社《かいしゃ》の名前《なまえ》は、キーワードとして外《はず》せないね。

「出来事《できごと》」に注目《ちゅうもく》すると

年利《ねんり》3％《パーセント》

実際《じっさい》の銀行《ぎんこう》の年利《ねんり》は0.1％《パーセント》程度《ていど》。とても高《たか》い設定《せってい》だからニュースになったんだね（どうぶつ銀行《ぎんこう》は架空《かくう》の銀行《ぎんこう》だよ）。

「年齢《ねんれい》」に注目《ちゅうもく》すると

12歳以下《さいいか》の子《こ》ども

新《あら》たに始《はじ》まるサービスや商品《しょうひん》の対象《たいしょう》になる人《ひと》の条件《じょうけん》も大切《たいせつ》なキーワードだね。

注目《ちゅうもく》ポイント

新聞《しんぶん》の経済面《けいざいめん》には、税金《ぜいきん》や年金《ねんきん》をはじめ、お金《かね》にまつわる出来事《できごと》が載《の》っているんだ。国内《こくない》だけでなく、海外《かいがい》のニュースも載《の》るよ。

次《つぎ》に見《み》出《だ》しをつけてみよう！

たとえば…

「名前《なまえ》」と「出来事《できごと》」に注目《ちゅうもく》すると

どうぶつ銀行《ぎんこう》、子《こ》ども向《む》け預金《よきん》金利《きんり》を3％《パーセント》に

「名前《なまえ》」と「年齢《ねんれい》」に注目《ちゅうもく》すると

どうぶつ銀行《ぎんこう》、12歳《さい》以下《いか》に向《む》けた新《しん》サービスを発表《はっぴょう》

注目《ちゅうもく》ポイント

見出《みだ》しは大切《たいせつ》な言葉《ことば》をつなげていくイメージで考《かんが》えよう。文字数《もじすう》を少《すく》なくするために、述語《じゅつご》や助詞《じょし》を省《しょう》略《りゃく》することもあるよ。

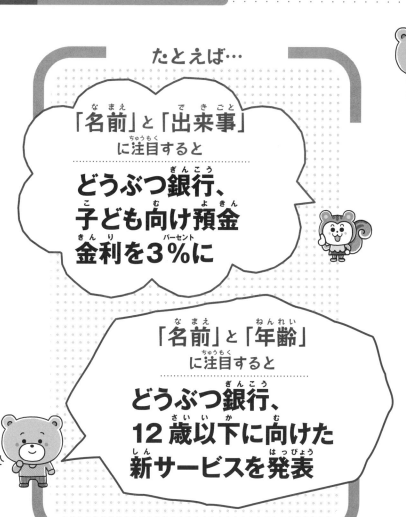

最後《さいご》に30~40文字《もじ》を目安《めやす》に要約《ようやく》してみよう！

たとえば…

12歳以下《さいいか》の子《こ》どもの預金《よきん》年利《ねんり》を3%《パーセント》にすると、どうぶつ銀行《ぎんこう》が発表《はっぴょう》した。

どうぶつ銀行《ぎんこう》による年利《ねんり》3%《パーセント》の子《こ》ども向《む》け口座《こうざ》は、今年《ことし》の4月1日《がつついたち》から開設《かいせつ》できる。

注目《ちゅうもく》ポイント

新《あたら》しい商品《しょうひん》について伝《つた》えるニュースだから、「どうぶつ銀行《ぎんこう》」の名前《なまえ》を入《い》れた方《ほう》がより正確《せいかく》な要約《ようやく》になるね。

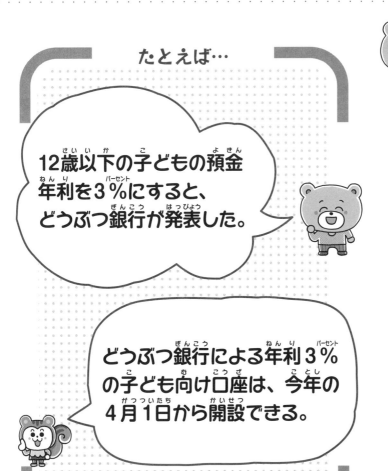

新聞《しんぶん》の地域面《ちいきめん》を読《よ》み、まとめよう！

動物毎日新聞《どうぶつまいにちしんぶん》

6月《がつ》13日《にち》、どうぶつ市内《しない》にある森林公園《しんりんこうえん》の原《はら》っぱ広場《ひろば》で昆虫採集《こんちゅうさいしゅう》をしていたクマ子《こ》さん親子《おやこ》が、新種《しんしゅ》のテントウムシを発見《はっけん》しました。テントウムシは光《ひかり》の当《あ》たり具合《ぐあい》によって、銀色《ぎんいろ》に輝《かがや》いて見《み》えます。

最初《さいしょ》に気付《きづ》いたのはクマ子《こ》さん（7歳《さい》）で、「トンボを追《お》いかけていたときにピカピカのテントウムシを見《み》つけました。珍《めずら》しいなと思《おも》ってお父《とう》さんに教《おし》えたら、びっくりしていました」と話《はな》していました。

クマ子《こ》さん親子《おやこ》によって捕《つか》まえられたテントウムシはフクロウ昆虫博士《こんちゅうはかせ》の下《もと》で調《しら》べられ、世界《せかい》で初《はじ》めて発見《はっけん》されたテントウムシだとわかりました。

発見者《はっけんしゃ》となったクマ子《こ》さんは「ギンイロテントウムシ」という名前《なまえ》をつけるつもりだそうです。

まずはキーワードを抜《ぬ》き出《だ》そう！

たとえば…

「出来事《できごと》」に注目《ちゅうもく》すると

新種《しんしゅ》のテントウムシ

世界《せかい》で初《はじ》めての大発見《だいはっけん》だからこそ、ニュースになったんだね。

「人物《じんぶつ》」に注目《ちゅうもく》すると

クマ子《こ》さん（7歳《さい》）

新種《しんしゅ》は、生《い》き物《もの》を研究《けんきゅう》している大人《おとな》が発見《はっけん》することが多《おお》いんだ。子《こ》どもが最初《さいしょ》に気付《きづ》いた、という点《てん》も注目《ちゅうもく》ポイントだね。

「名前《なまえ》」に注目《ちゅうもく》すると

ギンイロテントウムシ

動物《どうぶつ》や植物《しょくぶつ》の新種《しんしゅ》を発見《はっけん》した人《ひと》は、その名前《なまえ》をつける権利《けんり》がもらえるよ。キミならどんな名前《なまえ》をつける？

注目《ちゅうもく》ポイント

新聞《しんぶん》の地域面《ちいきめん》は、配達《はいたつ》される地域《ちいき》に関《かん》する事件《じけん》や話題《わだい》が特集《とくしゅう》されているんだ。「地方面《ちほうめん》」や「地方版《ちほうばん》」とも呼《よ》ぶよ。

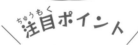

次《つぎ》に見《み》出《だ》しをつけてみよう！

たとえば…

「出来事《できごと》」と「人物《じんぶつ》」に注目《ちゅうもく》すると

7歳《さい》のクマ子《こ》さん、新種《しんしゅ》のテントウムシを発見《はっけん》

「場所《ばしょ》」と「出来事《できごと》」と「名前《なまえ》」に注目《ちゅうもく》すると

新種《しんしゅ》の昆虫《こんちゅう》「ギンイロテントウムシ」、どうぶつ市《し》で発見《はっけん》

注目《ちゅうもく》ポイント

このニュースの主人公《しゅじんこう》を発見《はっけん》した「クマ子《こ》さん」にするのか、発見《はっけん》された「昆虫《こんちゅう》（テントウムシ）」にするのかで見出《みだ》しが変《か》わるね。

最後《さいご》に30～40文字《もじ》を目安《めやす》に要約《ようやく》してみよう！

たとえば…

クマ子《こ》さん親子《おやこ》がどうぶつ市内《しない》で発見《はっけん》した銀色《ぎんいろ》に光《ひか》るテントウムシは新種《しんしゅ》だった。

クマ子《こ》さん親子《おやこ》が捕《つか》まえた新種《しんしゅ》の虫《むし》の名前《なまえ》は、「ギンイロテントウムシ」になる予定《よてい》だ。

注目《ちゅうもく》ポイント

くわしい説明《せつめい》や文章《ぶんしょう》の中心《ちゅうしん》となる筋道《すじみち》から離《はな》れた内容《ないよう》は、要約《ようやく》に入《い》れないようにしよう。

新聞《しんぶん》のスポーツ面《めん》を読《よ》み、まとめよう！

動物毎日新聞《どうぶつまいにちしんぶん》

7月10日《がつとおか》、アメリカで行《おこな》われたe《イー》スポーツの大会《たいかい》にチーターさん率《ひき》いる日本代《にほんだい》表《ひょう》チームが参加《さんか》しました。

この大会《たいかい》には世界《せかい》50か国《こく》から100を超《こ》えるチームが集《あつ》まり、対戦型格闘《たいせんがたかくとう》ゲームでその腕《うで》を競《きそ》いました。

チーターさんのチームは圧《あっ》倒的《とうてき》な強《つよ》さで勝《か》ち進《すす》み、決《けっ》勝戦《しょうせん》でも対戦相手《たいせんあいて》に大差《たいさ》をつけて勝利《しょうり》し、優勝《ゆうしょう》しました。メンバーのライオンさんは「もっともっと活躍《かつやく》して、e《イー》スポーツの魅力《みりょく》を伝《つた》えていきたい」と話《はな》していました。

「エレクトロニック・スポーツ」の略《りゃく》であるe《イー》スポーツは、コンピュータやテレビゲームで対戦《たいせん》する競《きょう》技《ぎ》です。1980年代《ねんだい》に誕《たん》生《じょう》して以来《いらい》、さまざまな大《たい》会《かい》が開《ひら》かれてきました。近《きん》年《ねん》ではプロ選手《せんしゅ》も誕生《たんじょう》し、人気《にんき》が高《たか》まっています。

まずはキーワードを抜《ぬ》き出《だ》そう！

たとえば…

「競技《きょうぎ》」に注目《ちゅうもく》すると

e《イー》スポーツ

「対戦型格闘《たいせんがたかくとう》ゲーム」でも間違《まちが》いではないけれど、競技名《きょうぎめい》として挙《あ》げるなら「e《イー》スポーツ」の方《ほう》が適《てき》しているよ。

「結果《けっか》」に注目《ちゅうもく》すると

優勝《ゆうしょう》

勝《か》ち負《ま》けや順位《じゅんい》は、スポーツやゲームの結果《けっか》を伝《つた》えるうえでとても大切《たいせつ》な情報《じょうほう》だよ。

「チーム」に注目《ちゅうもく》すると

日本代表《にほんだいひょう》チーム

「チーターさんのチーム」でもいいね。「チーターさん率《ひき》いる日本代表《にほんだいひょう》チーム」は、キーワードにするには長《なが》いかな。

注目《ちゅうもく》ポイント

スポーツ面《めん》には、スポーツにまつわるニュースが書《か》いてあるよ。日本《にほん》国内《こくない》だけでなく、海外《かいがい》の大会《たいかい》や試合《しあい》にまつわる記事《きじ》も載《の》るよ。

次《つぎ》に見《み》出《だ》しをつけてみよう！

たとえば…

「競技《きょうぎ》」と「結果《けっか》」と「チーム」
に注目《ちゅうもく》すると

e《イー》スポーツ大会《たいかい》で
日本《にほん》チームが優勝《ゆうしょう》！

「競技《きょうぎ》」と「結果《けっか》」と「規模《きぼ》」
に注目《ちゅうもく》すると

e《イー》スポーツ、
日本《にほん》が50か国《こく》の
頂点《ちょうてん》に！

注目《ちゅうもく》ポイント

「この文章《ぶんしょう》（本文《ほんぶん》）を読《よ》んでみたいな」と思《おも》わせる見出《みだ》しにするために、驚《おどろ》きや強調《きょうちょう》を示《しめ》す「！」をつけるのも効果的《こうかてき》だよ。

最後《さいご》に30～40文字《もじ》を目安《めやす》に要約《ようやく》してみよう！

たとえば…

100以上《いじょう》のチームが出場《しゅつじょう》したe《イー》スポーツの国際大《こくさいたい》会《かい》で、チーターさんたちが優勝《ゆうしょう》した。

50か国《こく》の代表《だいひょう》が戦《たたか》ったe《イー》スポーツ大会《たいかい》で、日《に》本代表《ほんだいひょう》チームが圧倒的《あっとうてき》な強《つよ》さで優勝《ゆうしょう》した。

注目《ちゅうもく》ポイント

要約《ようやく》には「100以上《いじょう》」や「50か国《こく》」、「圧倒的《あっとうてき》」のように、どのくらいかの程度《ていど》を示《しめ》す言葉《ことば》を入《い》れよう。

新聞《しんぶん》の文化面《ぶんかめん》を読《よ》み、まとめよう！

動物毎日新聞《どうぶつまいにちしんぶん》

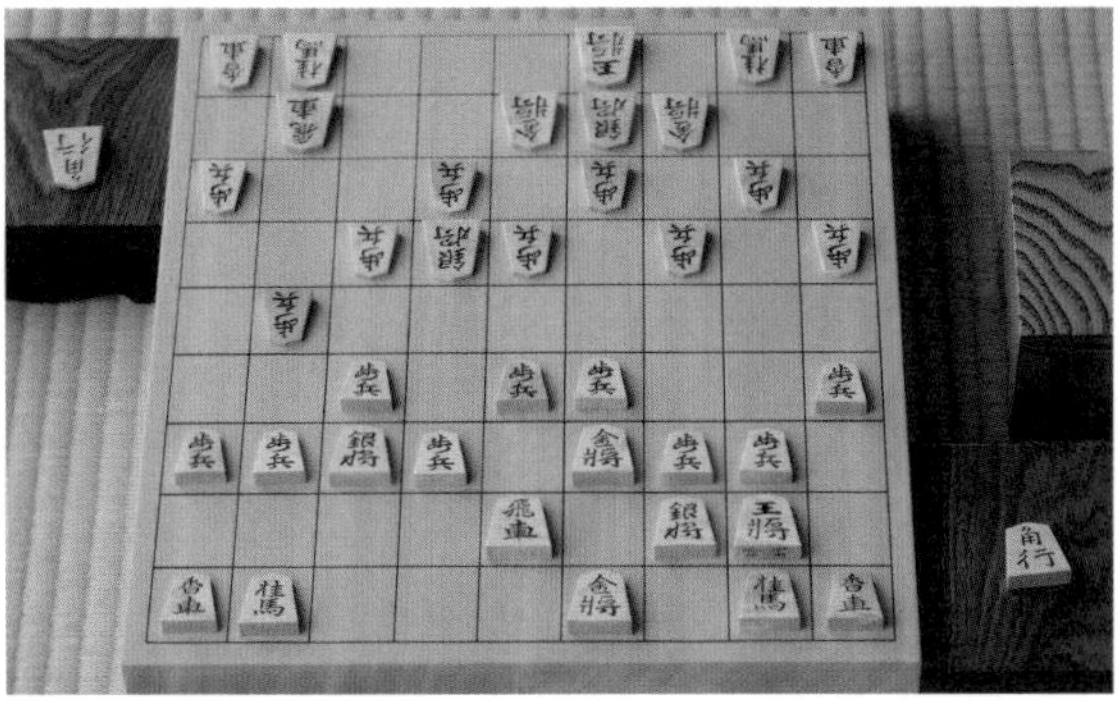

フクロウさんが11月《がつ》15日《にち》、ライバルのシロクマさんを破《やぶ》り、生《い》き物将棋界《ものしょうぎかい》の最《さい》高《こう》タイトル「竜神《りゅうじん》」を手《て》にしました。

7番勝負《ばんしょうぶ》で行《おこな》われる竜《りゅう》神戦《じんせん》は、先《さき》に4勝《しょう》した方《ほう》が竜神《りゅうじん》となります。これまでフクロウさんが3勝《しょう》、シロクマさんも3勝《しょう》と互角《ごかく》の戦《たたか》いを繰《く》り広《ひろ》げており、勝《しょう》負《ぶ》の行方《ゆくえ》に注目《ちゅうもく》が集《あつ》まっていました。

最終戦《さいしゅうせん》の対局《たいきょく》はシロクマさんが勇猛果敢《ゆうもうかかん》に攻《せ》める展開《てんかい》となりましたが、フクロウさんは常《つね》に冷静《れいせい》に対応《たいおう》し、じりじりと形勢《けいせい》を逆転《ぎゃくてん》。守《まも》りから攻《せ》めに転《てん》じ、シロクマさんが負《ま》けを認《みと》める「投了《とうりょう》」をして勝敗《しょうはい》が決《き》まりました。

フクロウさんの16歳《さい》3か月《げつ》という年齢《ねんれい》は、竜神史《りゅうじんし》上最年少記録《じょうさいねんしょうきろく》となりました。

まずはキーワードを抜《ぬ》き出《だ》そう！

たとえば…

「名前《なまえ》」に注目《ちゅうもく》すると

最高《さいこう》タイトル「竜神《りゅうじん》」

ここでの「タイトル」は題名《だいめい》のことではなく、最《もっと》もすぐれている選手《せんしゅ》やチームに与《あた》えられる資格《しかく》や呼《よ》び名《な》のことだよ。

「結果《けっか》」に注目《ちゅうもく》すると

負《ま》けを認《みと》める「投了《とうりょう》」

ある決《き》まった部門《ぶもん》で使《つか》われる言葉《ことば》を「専門用語《せんもんようご》」と呼《よ》ぶよ。将棋《しょうぎ》は専門《せんもん》用語《ようご》が多《おお》いんだ。「投了《とうりょう》」は教養《きょうよう》として覚《おぼ》えておこう。

「年齢《ねんれい》」に注目《ちゅうもく》すると

16歳《さい》3か月《げつ》・史上最年少記録《しじょうさいねんしょうきろく》

「史上《しじょう》」は「歴史《れきし》にあらわれたこと」を意味《いみ》するよ。フクロウさんが歴史上《れきしじょう》で最《もっと》も若《わか》い竜神《りゅうじん》となったことがわかるね。

注目《ちゅうもく》ポイント

新聞《しんぶん》の文化面《ぶんかめん》には、文学《ぶんがく》や音楽《おんがく》、舞台《ぶたい》、映画《えいが》、美術《びじゅつ》など、文字通《もじどお》り文《ぶん》化《か》や芸術《げいじゅつ》にまつわるニュースや情報《じょうほう》が載《の》るよ。

次《つぎ》に見《み》出《だ》しをつけてみよう！

たとえば…

「名前《なまえ》」と「年齢《ねんれい》」に注目《ちゅうもく》すると

16歳《さい》、史上最年少《しじょうさいねんしょう》の「竜神《りゅうじん》」誕生《たんじょう》！

「人物《じんぶつ》」と「年齢《ねんれい》」と「名前《なまえ》」に注目《ちゅうもく》すると

フクロウさん快挙《かいきょ》、史上最年少《しじょうさいねんしょう》「竜神《りゅうじん》」に

注目《ちゅうもく》ポイント

「快挙《かいきょ》」は胸《むね》のつかえがとれて、スカッとするような素晴《すば》らしい行《おこな》いのことだよ。「世紀《せいき》の発見《はっけん》」や「前人未踏《ぜんじんみとう》」といった言葉《ことば》も覚《おぼ》えておこう。

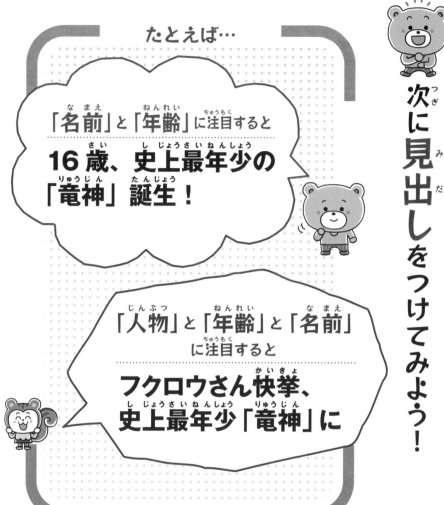

最後《さいご》に30～40文字《もじ》を目安《めやす》に要約《ようやく》してみよう！

たとえば…

フクロウさんとシロクマさんが対局《たいきょく》した竜神戦《りゅうじんせん》は、フクロウさんが勝《か》った。

11月《がつ》15日《にち》に行《おこな》われた竜神戦《りゅうじんせん》はフクロウさんが勝《か》ち、史上最年少《しじょうさいねんしょう》の竜神《りゅうじん》となった。

注目《ちゅうもく》ポイント

このニュースのポイントは「史上最《しじょうさい》年少《ねんしょう》」だね。クマさんも悪《わる》くはないけれど、リスさんの要約《ようやく》の方《ほう》がより正確《せいかく》でまとまった要約《ようやく》だといえるよ。

新《しん》聞《ぶん》の暮《く》らし面《めん》を読《よ》み、まとめよう！

動物毎日新聞《どうぶつまいにちしんぶん》

10月《がつ》18日《にち》、カモシカ食事《しょくじ》研究所《けんきゅうじょ》が「料理《りょうり》に関《かん》するアンケート」の調査結果《ちょうさけっか》を発表《はっぴょう》しました。

　このアンケートは毎年《まいとし》「食欲《しょくよく》の秋《あき》」に合《あ》わせてカモシカ食事研究所《しょくじけんきゅうじょ》が行《おこな》っているもので、どうぶつ県《けん》内《ない》に住《す》む小学生《しょうがくせい》を対象《たいしょう》にしています。

　調査結果《ちょうさけっか》によると「料理《りょうり》のお手伝《てつだ》いを毎日《まいにち》しますか？」という質問《しつもん》に「はい」と答《こた》えた小学生《しょうがくせい》は52％《パーセント》で、「いいえ」と答《こた》えた小学生《しょうがくせい》をわずかに上回《うわまわ》りました。

　数年間《すうねんかん》のデータを比《くら》べてみると、料理《りょうり》のお手伝《てつだ》いをする小学生《しょうがくせい》が少《すこ》しずつ増《ふ》えていることもわかりました。お手伝《てつだ》いをする理由《りゆう》の1位《い》は「楽《たの》しいから」で、続《つづ》く2位《い》が「料理《りょうり》を作《つく》れるようになりたいから」、3位《い》が「親《おや》に頼《たの》まれるから」となっています。

まずはキーワードを抜《ぬ》き出《だ》そう！

「調査内容《ちょうさないよう》」に注目《ちゅうもく》すると

料理《りょうり》に関《かん》するアンケート

「何《なに》についてのニュースなのかな？」と考《かんが》えれば、調査《ちょうさ》の内容《ないよう》を示《しめ》す言葉《ことば》が大事《だいじ》だとわかるね。

「対象《たいしょう》」に注目《ちゅうもく》すると

小学生《しょうがくせい》

調査《ちょうさ》の結果《けっか》を報告《ほうこく》するときには、どんな人《ひと》や物《もの》を調査《ちょうさ》したのか知《し》らせることも大切《たいせつ》なんだよ。自由研究《じゆうけんきゅう》も同《おな》じだよね。

「結果《けっか》」に注目《ちゅうもく》すると

52%《パーセント》

調査《ちょうさ》でわかった数値《すうち》も、結果《けっか》の報告《ほうこく》になくてはならない。52 %《パーセント》は半分《はんぶん》よりも多《おお》いから「半数以上《はんすういじょう》」と表現《ひょうげん》できるよ。

注目《ちゅうもく》ポイント

新聞《しんぶん》の暮《く》らし面《めん》には衣食住《いしょくじゅう》に関《かん》する記事《きじ》が載《の》っているよ。教育《きょういく》や福祉《ふくし》のほかに、旅行《りょこう》や料理《りょうり》などさまざまな分野《ぶんや》のニュースが書《か》かれているんだ。

次《つぎ》に見《み》出《だ》しをつけてみよう！

たとえば…

「対象《たいしょう》」と「結果《けっか》」に注目《ちゅうもく》すると

調査《ちょうさ》で判明《はんめい》、
「毎日料理《まいにちりょうり》を手伝《てつだ》う」
小学生《しょうがくせい》は 52%《パーセント》

「対象《たいしょう》」と「結果《けっか》」に注目《ちゅうもく》すると

料理《りょうり》を手伝《てつだ》う
小学生《しょうがくせい》が増加中《ぞうかちゅう》、
調査《ちょうさ》で明《あき》らかに

注目《ちゅうもく》ポイント

ニュースのポイントは「毎日料《まいにちりょう》理《り》を手伝《てつだ》う小学生《しょうがくせい》が52%《パーセント》いること」と「料理《りょうり》を手伝《てつだ》う小学生《しょうがくせい》が増《ふ》えていること」の２つだと気付《きづ》けたかな。

最後《さいご》に30～40文字《もじ》を目安《めやす》に要約《ようやく》してみよう！

たとえば…

ある調査《ちょうさ》で、毎日料理《まいにちりょうり》を手伝《てつだ》う小学生《しょうがくせい》は52%《パーセント》にのぼり、その割合《わりあい》が年々《ねんねん》増《ふ》えているとわかった。

調査《ちょうさ》によると、毎日料理《まいにちりょうり》を手伝《てつだ》う小学生《しょうがくせい》が52%《パーセント》いるとわかった。

注目《ちゅうもく》ポイント

リスさんが「料理《りょうり》に関《かん》するアンケート」を「ある調査《ちょうさ》」と表現《ひょうげん》したように、要約《ようやく》には文章《ぶんしょう》を短《みじか》く言《い》い換《か》える力《ちから》も必要《ひつよう》だよ。

新聞《しんぶん》のオピニオン面《めん》を読《よ》み、まとめよう！

動物毎日新聞《どうぶつまいにちしんぶん》

「初《はじ》めての習字教室《しゅうじきょうしつ》」

ラクダコブスケ（7歳《さい》）

ぼくのお母《かあ》さんの友達《ともだち》のテナガザルさんは、習字《しゅうじ》教室《きょうしつ》の先生《せんせい》です。「今度《こんど》、字《じ》を書《か》きに来《き》てごらん」と誘《さそ》われたので、行《い》くことにしました。

教室《きょうしつ》に着《つ》くと、道具《どうぐ》をいろいろと見《み》せてくれました。とても大《おお》きな筆《ふで》があってびっくりしました。小《ちい》さくて細《ほそ》い筆《ふで》もありました。「なにか字《じ》を書《か》いてみよう」と言《い》われたので、「一《いち》」と書《か》くことにしました。

最初《さいしょ》は墨《すみ》を筆《ふで》につけすぎて、紙《かみ》が破《やぶ》けてしまいました。次《つぎ》に少《すこ》し墨《すみ》を減《へ》らしたら、うまくいきました。思《おも》い切《き》って横《よこ》にぐいっと筆《ふで》を引《ひ》いたら、ぐいっとした「一《いち》」が書《か》けました。とても楽《たの》しかったので、また習《しゅう》字教室《じきょうしつ》に行《い》って今度《こんど》は違《ちが》う字《じ》が書《か》きたいです。

まずはキーワードを抜《ぬ》き出《だ》そう！

たとえば…

「テーマ」に注目《ちゅうもく》すると

習字教室《しゅうじきょうしつ》

新聞《しんぶん》や雑誌《ざっし》などに向《む》けて書《か》いた意見《いけん》を「投書《とうしょ》」と呼《よ》ぶよ。タイトルにも入《はい》っている「習字教室《しゅうじきょうしつ》」が、ラクダさんの投書《とうしょ》のテーマだね。

「内容《ないよう》」に注目《ちゅうもく》すると

一《いち》

「一《いち》」を書《か》く様子《ようす》がくわしく書《か》かれているね。習字教室《しゅうじきょうしつ》がテーマなら当然《とうぜん》、どんな字《じ》を書《か》いたかも重要《じゅうよう》だよ。

「感情《かんじょう》」に注目《ちゅうもく》すると

楽《たの》しかった

書《か》いている人《ひと》が自分《じぶん》の感情《かんじょう》についても説明《せつめい》している点《てん》が、事件《じけん》や出来事《できごと》を伝《つた》える新聞記事《しんぶんきじ》と大《おお》きく違《ちが》う点《てん》だね。

注目《ちゅうもく》ポイント

「オピニオン」は英語《えいご》で「意見《いけん》」のこと。オピニオン面《めん》にはさまざまな人《ひと》の考《かんが》えや伝《つた》えたいことが載《の》っているよ。

次《つぎ》に見《み》出《だ》しをつけてみよう！

たとえば…

「テーマ」と「内容《ないよう》」に注目《ちゅうもく》すると

初《はじ》めての習字教室《しゅうじきょうしつ》で「一《いち》」に挑戦《ちょうせん》！

「テーマ」と「人物《じんぶつ》」と「感情《かんじょう》」に注目《ちゅうもく》すると

ラクダさん、初《はじ》めての習字教室《しゅうじきょうしつ》に大満足《だいまんぞく》！

注目《ちゅうもく》ポイント

初《はじ》めて習字教室《しゅうじきょうしつ》で字《じ》を書《か》いたことを伝《つた》えるのか、字《じ》の出来《でき》ばえに満足《まんぞく》して楽《たの》しかったことを伝《つた》えるのかで見出《みだ》しが変《か》わるね。

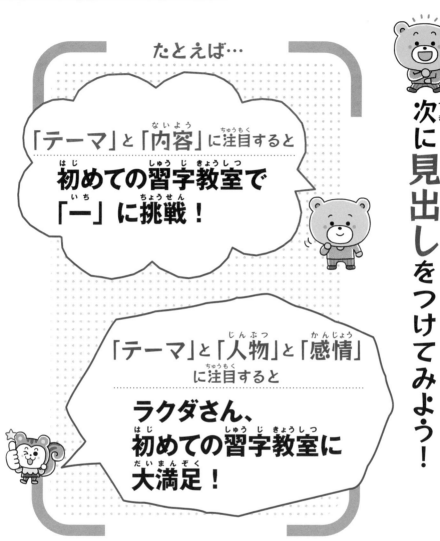

最後《さいご》に30〜40文字《もじ》を目安《めやす》に要約《ようやく》してみよう！

たとえば…

ラクダさんは初《はじ》めて習字《しゅうじ》教室《きょうしつ》に行《い》き、「一《いち》」の字《じ》を書《か》いた。

ラクダさんはテナガザルさんの習字《しゅうじ》教室《きょうしつ》で書道《しょどう》に初《はつ》挑戦《ちょうせん》し、楽《たの》しんだ。

注目《ちゅうもく》ポイント

リスさんは、投書《とうしょ》の半分近《はんぶんちか》くを占《し》めている「一《いち》」を書《か》くシーンを中心《ちゅうしん》に要約《ようやく》したんだね。クマさんは、ラクダさんが抱《いだ》いた感想《かんそう》を入《い》れてまとめたんだね。

STEP《ステップ》

4

会話読解力《かいわどっかいりょく》を磨《みが》こう

会話《かいわ》におけるトラブルの多《おお》くは、相手《あいて》の「伝《つた》えたいこと」を正《ただ》しく受《う》け取《と》れていないせいで起《お》きる。言葉《ことば》の裏《うら》に隠《かく》れている相手《あいて》の気持《きも》ちや伝《つた》えたいことを読《よ》み取《と》る力《ちから》を身《み》につけよう。

「はい」と「いいえ」、どっちだろう？

学校《がっこう》からの帰《かえ》り道《みち》、クマさんがリスさんを遊《あそ》びに誘《さそ》いました。リスさんの気持《きも》ちは「はい」か「いいえ」か、返事《へんじ》から読《よ》み取《と》ってみましょう。

ねえねえ、これからうちで一緒《いっしょ》にゲームをしようよ！
塾《じゅく》の宿題《しゅくだい》がまだ終《お》わってないんだよね。

解説《かいせつ》

リスさんの気持《きも》ちは「いいえ」だよね。宿《しゅく》題《だい》がまだ終《お》わっていない＝終《お》わらせなければいけない＝遊《あそ》びに行《い》けない、と連想《れんそう》ゲームのように相手《あいて》の気持《きも》ちと考《かんが》えを推理《すいり》するんだ。**「はい」か「いいえ」か答《こた》えていない返事《へんじ》をきちんと理解《りかい》できるようになると**、会話読解《かいわどっかい》力《りょく》はグンとアップするよ。

「そんなことないよ」に隠《かく》された気《き》持《も》ち

リスさんがそろばん検定《けんてい》に合格《ごうかく》しました。クマさんのほめ言葉《ことば》に対《たい》して、リスさんは照《て》れている様子《ようす》。キミがクマさんだったら、リスさんにどんな言葉《ことば》を返《かえ》しますか？

がんばって練習《れんしゅう》してたもんね、すごいね！

そんなことないよ。だって、3回目《かいめ》のチャレンジだったし。

解説《かいせつ》

誰《だれ》かにほめられると、照《て》れてしまって「そんなことないよ」と思《おも》わず言《い》ってしまう人《ひと》もいる。でも、**ほめられたらやっぱりうれしい**んだよ。だから、相手《あいて》の「そんなことない」をそのまま受《う》け取《と》るのはＮＧ《エヌジー》。「合格《ごうかく》したんだから、やっぱりすごいよ！」のように、**ほめたポイントを強調《きょうちょう》する返事《へんじ》**をしてみよう。

「やめて」って笑顔《えがお》で言《い》っていたから……

リスさんの失敗談《しっぱいだん》を思《おも》い出《だ》したクマさん。「これは笑《わら》いを取《と》れるな」と思《おも》い、友達《ともだち》に話《はな》しはじめました。すると、最初《さいしょ》は笑《わら》っていたリスさんが怒《おこ》ってしまいました。なぜでしょう？

その話《はなし》はやめてよ～。
え、別《べつ》にいいでしょ。
それでリスさんがね……。
もう！ やめてって
言《い》ってるのに！！

解説《かいせつ》

最初《さいしょ》に「やめて」と笑顔《えがお》で言《い》ったのは、雰囲気《ふんいき》を悪《わる》くしないための思《おも》いやりだね。**「話《はな》していいよ」というサインではないとクマさんは気付《きづ》けなかったんだ。**「やめて」や「いやだ」と相手《あいて》から言《い》われたら、1回《かい》でやめよう。相手《あいて》の気持《きも》ちを受《う》け止《と》めて、尊重《そんちょう》するのはコミュニケーションの基本《きほん》だからね。

「行《い》けたら行《い》くね」は来《く》る？ 来《こ》ない？

クマさんは放課後《ほうかご》に友達《ともだち》と公園《こうえん》で遊《あそ》ぶ約束《やくそく》をしました。ランドセルを置《お》くために家《いえ》に帰《かえ》る途中《とちゅう》、リスさんに会《あ》ったので誘《さそ》ってみることに。リスさんは来《く》るかな、来《こ》ないかな？

キリンさんと公園《こうえん》で遊《あそ》ぶんだけれど、リスさんもどうかな？
そうなんだー。行《い》けたら行《い》くね！

解説《かいせつ》

「行《い》けたら行《い》く」は大人《おとな》も使《つか》う言《い》い回《まわ》し。その場《ば》で断《ことわ》って相手《あいて》を傷付《きずつ》けないようにする思《おも》いやりが隠《かく》されているよ。ほかに、都合《つごう》がつくかどうかわからない場合《ばあい》にも使《つか》うかな。**「行《い》けたら行《い》く」という返事《へんじ》をもらったら、来《こ》ないだろうと思《おも》っていた方《ほう》がトラブルにならないよ。**

状況《じょうきょう》から言葉《ことば》の意味《いみ》を読《よ》み解《と》いてみよう！①

イヌさんとクマさんがケンカをしてしまいました。次《つぎ》の日《ひ》、イヌさんに話《はな》しかけられたクマさんの様子《ようす》を見《み》て言《い》った、リスさんのひと言《こと》の意味《いみ》を推理《すいり》してみましょう。

キミが「絶交《ぜっこう》だ」って言《い》ったんだから、話《はな》しかけないでよ。
おやおや、まさに“けんもほろろ”だね〜。

解説《かいせつ》

「けんもほろろ」は、**相手《あいて》の挨拶《あいさつ》や頼《たの》みなどを冷《つめ》たくはねつけて、受《う》け入《い》れようとしない様子《ようす》を表《あらわ》す**言葉《ことば》だよ。「けん」も「ほろろ」も無愛想《ぶあいそう》に聞《き》こえるキジの鳴《な》き声《ごえ》から取《と》られたといわれているんだ。知《し》らない言葉《ことば》に出《で》会《あ》ったら、前後《ぜんご》の状況《じょうきょう》や文章《ぶんしょう》の筋道《すじみち》をヒントに意味《いみ》を考《かんが》えてみよう。

状況《じょうきょう》から言葉《ことば》の意味《いみ》を読《よ》み解《と》いてみよう！②

クマさんとリスさんが、あるアニメの主人公《しゅじんこう》と敵《てき》の関係性《かんけいせい》について話《はな》し合《あ》っています。ふたりの会話《かいわ》を読《よ》んで、リスさんのひと言《こと》の意《い》味《み》を推理《すいり》してみましょう。

いつかはわかりあって、一緒《いっしょ》に旅《たび》をする日《ひ》が来《く》ると思《おも》うんだよね。

あのふたりは“不倶戴天《ふぐたいてん》”の間柄《あいだがら》だから、難《むずか》しいんじゃない？

解説《かいせつ》

「不倶戴天《ふぐたいてん》」は**憎《にく》らしいという気持《きも》ちが深《ふか》いこと**を意味《いみ》するよ。それも生半可《なまはんか》な「憎《にく》い」ではなく「**同《おな》じ世《よ》の中《なか》に生《い》きているのが耐《た》えられないほど憎《にく》い**」んだ。古代中国《こだいちゅうごく》で書《か》かれた「礼記《らいき》」という書物《しょもつ》から生《う》まれた言葉《ことば》で、「不倶戴天《ふぐたいてん》の敵《てき》」や「不倶戴天《ふぐたいてん》のうらみを抱《いだ》く」といった使《つか》い方《かた》もするよ。

その返事《へんじ》で合《あ》っているかな？

クマさんとリスさんが山登《やまのぼ》りをしています。午前《ごぜん》11時《じ》を過《す》ぎたころ、リスさんがクマさんに話《はな》しかけました。クマさんの返事《へんじ》は、リスさんの気持《きも》ちに寄《よ》り添《そ》えているでしょうか。

クマさん、そろそろ
お腹《なか》が空《す》いてきたんじゃない？

いや、全然《ぜんぜん》減《へ》ってないよ！
朝《あさ》ごはんをたっぷり
食《た》べたからね。
それより先《さき》を急《いそ》ごう！

解説《かいせつ》

クマさんは山登《やまのぼ》りに夢中《むちゅう》で、**リスさんの気《き》持《も》ちを無視《むし》してしまっているね**。もしかしたら、リスさんが腹《はら》ぺこなのかもしれない。こういう場合《ばあい》は自分《じぶん》の意見《いけん》を言《い》ってもいいけれど、**相手《あいて》の気持《きも》ちを確認《かくにん》することも忘《わす》れない**でおこう。「私《わたし》は平気《へいき》だけれど、リスさんはどう？」といった言《い》い方《かた》ができるね。

言葉《ことば》通《どお》りに受《う》け取《と》ったらトラブルに！

クマさんの家《いえ》でリスさんがゲームをしています。話《はな》しかけてもゲームに熱中《ねっちゅう》して返事《へんじ》をしないリスさんに、クマさんがひと言《こと》。リスさんはそのままの意味《いみ》に取《と》ったようですが……。

ずっとそのまま
ゲームしてればいいよ。
ラッキー。
（そのままゲームを続《つづ》ける）
もう、いい加減《かげん》にしてよ！

解説《かいせつ》

リスさんと同《おな》じように、「**好《す》きにしなさい**」や「**勝手《かって》にしなさい**」と言《い》われ、言葉通《ことばどお》り気《き》ままに過《す》ごしていたら怒《おこ》られた。そんな経験《けいけん》はキミもあるんじゃないかな？　言《い》われる前《まえ》に、何回《なんかい》か注意《ちゅうい》されているはず。**こういう言葉《ことば》の裏《うら》には「やめてほしい」や「状況《じょうきょう》を考《かんが》えてほしい」という気持《きも》ちが込《こ》められている**んだよ。

「つまらないもの」って、どんなもの？

リスさんの家《いえ》にお父《とう》さんの仕事仲間《しごとなかま》が遊《あそ》びに来《き》ました。手土産《てみやげ》として渡《わた》された箱《はこ》をお母《かあ》さんはニコニコして受《う》け取《と》っているけれど、「つまらないもの」だったらいらないよね？

今日《きょう》はお招《まね》きいただきありがとうございます。これ、つまらないものですがどうぞ。

あらあら、ありがとうございます。

解説《かいせつ》

「つまらないもの」は「面白《おもしろ》くないもの」という意味《いみ》ではないよ。**「あなたのように素《す》晴《ば》らしい人《ひと》の前《まえ》では価値《かち》がないもの」**という意味《いみ》で、**相手《あいて》を敬《うやま》って言《い》う言葉《ことば》**なんだ。日本《にほん》人《じん》ならではの表現《ひょうげん》だね。最近《さいきん》では誤解《ごかい》を避《さ》けるために「心《こころ》ばかりのもの」という言《い》い回《まわ》しも使《つか》われるよ。

アドバイスしたら怒《おこ》られた！

クマさんが算数《さんすう》の問題《もんだい》を解《と》いています。リスさんが解《と》き方《かた》を教《おし》えたところ、クマさんが怒《おこ》ってしまいました。どうしてクマさんは怒《おこ》ったのでしょう？

こういうときは、こうすればいいんだよ。
そんなのわかってるよ！

解説《かいせつ》

リスさんは良《よ》かれと思《おも》って解《と》き方《かた》を教《おし》えたけれど、**クマさんは自分《じぶん》の力《ちから》だけで問題《もんだい》に取《と》り組《く》みたかった**んだね。あれこれといろいろな方法《ほうほう》を試《ため》していたのかもしれない。**誰《だれ》かにアドバイスするときには**「もしかして困《こま》ってる？」や「解《と》き方《かた》を教《おし》えようか？」などと聞《き》き、**相手《あいて》の反応《はんのう》を確《たし》かめてから**にしよう。

「だけど」や「でも」で始《はじ》まる会話《かいわ》

同《おな》じアイドルグループを推《お》しているリスさんとクマさんが「一番歌《いちばんうた》のうまいメンバーは誰《だれ》か？」という話《はなし》をしています。クマさんの返《へん》事《じ》から、どんな気《き》持《も》ちが読《よ》み解《と》けるでしょう。

絶対《ぜったい》コウモリさんだよ！
あの高音《こうおん》は、まさに神《かみ》！
最高《さいこう》だよね〜。

うーん。だけど、
アリクイさんも
うまいと思《おも》うなぁ。

解説《かいせつ》

どうやらクマさんは、リスさんに同意《どうい》できないみたいだね。「でも」や「だけど」で始《はじ》まる会話《かいわ》は、相手《あいて》の意見《いけん》に納得《なっとく》がいかないときに出《で》やすいんだ。だから、話《はな》し相手《あいて》が「でも」や「だけど」を連発《れんぱつ》するようであれば、ひとまず意見《いけん》を受《う》け入《い》れてみよう。それが難《むずか》しいようなら、話題《わだい》を変《か》えるのも１つの手《て》だね。

ほめたのに相手《あいて》を傷付《きずつ》けちゃった……

今日《きょう》の体育《たいいく》の授業《じゅぎょう》はドッジボールでした。大《だい》活躍《かつやく》したリスさんに感心《かんしん》したクマさんが言《い》ったほめ言葉《ことば》で、リスさんは傷付《きずつ》いてしまったようです。どうしてでしょうか。

リスさんて、小《ちい》さいのにドッジボールがうまくてすごいよね〜。
うん……。

解説《かいせつ》

クマさんの言葉《ことば》には「小《ちい》さい動物《どうぶつ》はドッジボールが得意《とくい》ではない」という**勝手《かって》な決《き》め付《つ》けが隠《かく》れている**のがわかるかな。**「……のに」が余計《よけい》なひと言《こと》**なんだね。リスさんが小《ちい》さいことを気《き》にしているなら、なおさら傷付《きずつ》けてしまう。「男《おとこ》の子《こ》なのに」「女《おんな》の子《こ》なのに」といった性別《せいべつ》に対《たい》する思《おも》い込みは特《とく》に気《き》をつけよう。

状況《じょうきょう》から・言葉《ことば》の意味《いみ》を読《よ》み解《と》いてみよう！③

リスさんとクマさんは、野球《やきゅう》を観戦中《かんせんちゅう》です。
応援《おうえん》しているチームは3点差《てんさ》で負《ま》けています。
ふたりの会話《かいわ》を読《よ》んで、クマさんのひと言《こと》の意味《いみ》を推理《すいり》してみましょう。

エラーが続《つづ》いているし、
三振《さんしん》も多《おお》いし、
厳《きび》しい戦《たたか》いだね。

なんだかチーム全体《ぜんたい》が
“浮《う》き足立《あしだ》って”いるよね。
がんばれー！

解説《かいせつ》

「浮《う》き足立《あしだ》つ」は不安《ふあん》や恐怖《きょうふ》に直面《ちょくめん》して冷静《れいせい》な判断《はんだん》や行動《こうどう》ができなくなるという意味《いみ》だよ。ウキウキして落《お》ち着《つ》かないことを意味《いみ》する「浮《うわ》つく」と文字《もじ》のイメージが近《ちか》いせいか、「うれしくてフワフワと落《お》ち着《つ》かない」のような意味《いみ》だと間違《まちが》って覚《おぼ》えている人《ひと》も多《おお》いから気《き》をつけよう。

状況《じょうきょう》から言葉《ことば》の意味《いみ》を読《よ》み解《と》いてみよう！④

リスさんとクマさんが、共通《きょうつう》の友達《ともだち》であるモモンガさんについて話《はな》しています。ふたりの会話《かいわ》を読《よ》んで、クマさんのひと言《こと》の意味《いみ》を推《すい》理《り》してみましょう。

生《う》まれたときからずっと隣《となり》に住《す》んでいるし、モモッチとは趣味《しゅみ》も一緒《いっしょ》なんだ。

リスさんとモモンガさんは“気《き》が置《お》けない”仲《なか》なんだね。

解説《かいせつ》

リスさんがモモンガさんを「モモッチ」と呼《よ》んでいることからもわかるように、**ふたりはとても親《した》しい間柄《あいだがら》**なんだね。そんな関係《かんけい》は「気《き》が置《お》けない」と表現《ひょうげん》できる。**遠慮《えんりょ》なく、心《こころ》からくつろいで付《つ》き合《あ》うことができる**といった意味合《いみあ》いだよ。「油断《ゆだん》できない」という意味《いみ》だと勘違《かんちが》いしないようにね。

友達《ともだち》が怒《おこ》った理由《りゆう》はなんだろう？

クマさんのクラスでは、「地域《ちいき》の歴史《れきし》を調《しら》べる」という宿題《しゅくだい》が出《で》ています。クマさんが同《おな》じ班《はん》のサルさんを図書館《としょかん》に誘《さそ》ったところ、リスさんが怒《おこ》り出《だ》しました。どうしてでしょう？

ねえねえサルさん、
今日一緒《きょういっしょ》に図書館《としょかん》に行《い》こうよ。

ちょっと、
割《わ》り込《こ》まないでよ！

解説《かいせつ》

「割《わ》り込《こ》まないでよ！」と言《い》っているから、**リスさんとサルさんはすでに約束《やくそく》をしていたんだろうね**。あとは、**リスさんとサルさんの会話中《かいわちゅう》にクマさんが話《はな》しかけた**とも考《かんが》えられるね。「この人《ひと》はこういう理由《りゆう》で発言《はつげん》したんだろうな」と読《よ》み取《と》れるようになると、「人《ひと》の気持《きも》ちがわかる人《ひと》」になれるよ。

「それでもいいよ」は、どんな気《き》持《も》ち？

リスさんとクマさんが遊《あそ》びに行《い》く予定《よてい》を立《た》てています。なにをしたいか相談《そうだん》しているふたりの会話《かいわ》を読《よ》んで、最後《さいご》のセリフを言《い》ったあとのリスさんの気持《きも》ちを考《かんが》えてみましょう。

ボウリングか
アイススケートは？
疲《つか》れるのも寒《さむ》いのも
イヤだなぁ。それより映画《えいが》！
映画《えいが》にしよう！
じゃあ、それでもいいよ。

解説《かいせつ》

クマさんの意見《いけん》に文句《もんく》なしの賛成《さんせい》ならば「それがいい」と発言《はつげん》するよね。**リスさんはクマさんの意見《いけん》を尊重《そんちょう》して、渋々《しぶしぶ》OK《オーケー》を出《だ》したんだね。**気持《きも》ちとしては「**仕方《しかた》がないなぁと思《おも》っている**」といったところかな。「それでもいいよ」と言《い》われたら、もっと良《よ》い案《あん》がないか相談《そうだん》してみてもいいかもね。

言葉《ことば》では表現《ひょうげん》されていない相手《あいて》の気持《きも》ち

クマさんの家《いえ》にリスさんが遊《あそ》びに来《き》ています。折《お》り紙《がみ》をして遊《あそ》んでいるふたりの会話《かいわ》を読《よ》んで、クマさんの発言《はつげん》に隠《かく》された意味《いみ》と気持《きも》ちを考《かんが》えてみましょう。

やっとツルが折《お》れたよ。次《つぎ》はなにを作《つく》ろうかな〜。
あ、そろそろお姉《ねえ》ちゃんが帰《かえ》ってくる時間《じかん》だ。

解説《かいせつ》

これはちょっと上級編《じょうきゅうへん》の問題《もんだい》かもしれないね。リスさんに「帰《かえ》ってほしい」と包《つつ》み隠《かく》さず言《い》うのは失礼《しつれい》だと考《かんが》えたクマさんの気持《きも》ちが読《よ》み取《と》れたかな。「私《わたし》は平気《へいき》だから気《き》にしないで」なんて返《かえ》したら、空気《くうき》が読《よ》めない人《ひと》になってしまうよ。言葉《ことば》や文章《ぶんしょう》で直接的《ちょくせつてき》には表現《ひょうげん》されていない気持《きも》ちを読《よ》み取《と》ることが大事《だいじ》だよ。

質問《しつもん》にまっすぐ向《む》き合《あ》わないと……

リスさんとウサギさんが公園《こうえん》で遊《あそ》んでいると、クマさんがやって来《き》ました。話《はな》しかけられたリスさんが返事《へんじ》をしたところ、クマさんが黙《だま》ってしまいました。なぜでしょう？

解説《かいせつ》

リスさんに悪気《わるぎ》はなかったのかもしれないけれど、**「なにを（して遊《あそ》び、過《す》ご）してたの？」という質問《しつもん》にきちんと答《こた》えていない**よね。クマさんは「秘密《ひみつ》にされた」と感《かん》じたのかもしれない。話《はな》し言葉《ことば》でも書《か》き言葉《ことば》でも、相手《あいて》の質問《しつもん》に正対《せいたい》（まっすぐに向《む》き合《あ》う）して答《こた》えるようにしよう。

自分《じぶん》と同《おな》じ意見《いけん》かな、違《ちが》う意見《いけん》かな？

クラスで学級会《がっきゅうかい》をしています。議題《ぎだい》は「縄《なわ》とび大会《たいかい》の練習《れんしゅう》は自由参加《じゆうさんか》か、全員参加《ぜんいんさんか》か」です。クマさんの発言《はつげん》から、リスさんと同《おな》じ意見《いけん》か違《ちが》う意見《いけん》か考《かんが》えてみましょう。

クラスの団結力《だんけつりよく》が高《たか》まるので、全員参加《ぜんいんさんか》の方《ほう》がいいと思《おも》います！

そういう考《かんが》え方《かた》もありますね。

解説《かいせつ》

「そういう考《かんが》え方《かた》も」だから**クマさんはリスさんと違《ちが》う意見《いけん》の可能性《かのうせい》が高《たか》い**ね。お互《たが》いに意見《いけん》を出《だ》し合《あ》う場《ば》では、「違《ちが》う」「間違《まちが》っている」「反対《はんたい》」など、否定的《ひていてき》な言葉《ことば》が増《ふ》えてしまう。けれどクマさんは相手《あいて》の考《かんが》えを受《う》け止《と》めることで、感情的《かんじょうてき》にならないようにしているよ。見習《みなら》いたい気配《きくば》りと言《い》い回《まわ》しだね。

STEP《ステップ》

5

情報読解力《じょうほうどっかいりょく》を身《み》につけよう

インターネットやSNS《エスエヌエス》には、正《ただ》しい情報《じょうほう》と信用《しんよう》できない情報《じょうほう》が入《い》り交《ま》じっている。情報《じょうほう》をそのまま信《しん》じ込《こ》まずに、意図《いと》や真偽《しんぎ》を判断《はんだん》する視点《してん》を学《まな》ぼう。

生成《せいせい》ＡＩ《エーアイ》の要注《ようちゅう》意《い》情報《じょうほう》を見《み》つけよう！

徳川家康《とくがわいえやす》について、小学生《しょうがくせい》がわかるように教《おし》えて。


徳川家康《とくがわいえやす》は戦国時代《せんごくじだい》から江戸時代《えどじだい》にかけて活躍《かつやく》した日本《にほん》の武将《ぶしょう》です。

1642年《ねん》に現在《げんざい》の愛知県岡崎市《あいちけんおかざきし》で生《う》まれました。

1603年《ねん》に江戸幕府《えどばくふ》を開《ひら》き、1867年《ねん》には政権《せいけん》を朝廷《ちょうてい》に返上《へんじょう》する大政奉還《たいせいほうかん》を行《おこな》いました。

平和《へいわ》な時代《じだい》を築《きず》いたことから人気《にんき》も高《たか》く、日本人《にほんじん》が好《す》きな武将《ぶしょう》の1位《い》になっています。

要注意情報《ようちゅういじょうほう》 その1

1642年《ねん》

徳川家康《とくがわいえやす》が1642年《ねん》生《う》まれだとしたら、江戸幕府《えどばくふ》を開《ひら》いた1603年《ねん》よりもあとに誕生《たんじょう》したことになってしまうね。実際《じっさい》は1542年《ねん》に生《う》まれたとされているよ。

要注意情報《ようちゅういじょうほう》 その2

大政奉還《たいせいほうかん》を行《おこな》いました

大政奉還《たいせいほうかん》を行《おこな》ったのは徳川慶喜《とくがわよしのぶ》。徳川家康《とくがわいえやす》が幕府《ばくふ》を開《ひら》いてから約《やく》260年後《ねんご》のことだよ。

要注意情報《ようちゅういじょうほう》 その3

日本人《にほんじん》が好《す》きな武将《ぶしょう》の1位《い》

いつ、誰《だれ》を対象《たいしょう》にして行《おこな》った調査《ちょうさ》の結果《けっか》なのかを書《か》いていないから、信用《しんよう》できない情報《じょうほう》だね。

解説《かいせつ》

プログラムされたルールに従《したが》って、自《みずか》らの判断《はんだん》で情報《じょうほう》を作《つく》り出《だ》す人工知能《じんこうちのう》が生成《せいせい》AI《エーアイ》だよ。絵《え》や文《ぶん》章《しょう》をあっという間《ま》に生成《せいせい》するけれど、まだまだ発展《はってん》途上《とじょう》。誤《あやま》った情報《じょうほう》を回答《かいとう》することもあるんだ。調《しら》べ学習《がくしゅう》で使《つか》うときには、情報《じょうほう》が正確《せいかく》かどうかを念入《ねんい》りに確認《かくにん》しよう。

SNS《エスエヌエス》の情報《じょうほう》に気《き》をつけよう！

名無《なな》しのコアラ
@koara
…
フォロー
超《ちょう》びっくり !!
これ、UFO《ユーフォー》だよね !?
さっき東《ひがし》の空《そら》に浮《う》かんでた！

要注意情報《ようちゅういじょうほう》 その1

名無《ななな》しのコアラ（アカウント名《めい》）

SNS《エスエヌエス》で「名前《なまえ》」のような役割《やくわり》を果《は》たすアカウント名《めい》を本名《ほんみょう》にしている人《ひと》は少《すく》ないんだ。どこの誰《だれ》なのかわからない人《ひと》の情報《じょうほう》には注意《ちゅうい》が必要《ひつよう》だよ。

要注意情報《ようちゅういじょうほう》 その2

UFO《ユーフォー》

UFO《ユーフォー》など、存在《そんざい》しているかどうかわからない物事《ものごと》にまつわる情報《じょうほう》は疑《うたが》ってかかろう。

要注意情報《ようちゅういじょうほう》 その3

画像《がぞう》

この画像《がぞう》は、生成ＡＩ《せいせいエーアイ》で作成《さくせい》したものだよ。生成ＡＩ《せいせいエーアイ》を使《つか》うと、本物《ほんもの》のように見《み》える画像《がぞう》や音声《おんせい》、動画《どうが》を簡単《かんたん》に作成《さくせい》できるんだ。

解説《かいせつ》

インターネットやＳＮＳ《エスエヌエス》は便利《べんり》な一方《いっぽう》で、さまざまな偽情報《にせじょうほう》＝フェイクニュースも存在《そんざい》しているよ。たくさんの人《ひと》から注目《ちゅうもく》を浴《あ》びるためだったり、悪《わる》ふざけだったり、フェイクニュースを作《つく》る目的《もくてき》はさまざま。あやしい情報《じょうほう》に出会《であ》ったら、「本当《ほんとう》かな？」と疑《うたが》う姿勢《しせい》が大切《たいせつ》だよ。

SNS《エスエヌエス》の情報《じょうほう》に気《き》をつけよう！

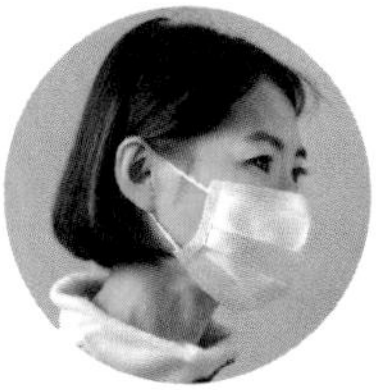

鈴木《すず き》里美《さと み》（薬剤師《やくざいし》）

@yakuzaishinosatomi

••• フォロー

ドラッグストアで働《はたら》いている薬剤師《やくざいし》仲間《なかま》が聞《き》いたらしい。
原料《げんりょう》不足《ぶそく》で食品用《しょくひんよう》ラップの生産《せいさん》を中止《ちゅうし》している会社《かいしゃ》があるみたい。
念《ねん》のため、今《いま》のうちに買《か》っておくことをおすすめします。

要注意情報《ようちゅういじょうほう》 その1

プロフィール画像《がぞう》

この顔写真《かおじゃしん》は生成《せいせい》AI《エーアイ》で作《つく》ったものだよ。「顔《かお》や名前《なまえ》や職《しょく》業《ぎょう》を公開《こうかい》している人《ひと》は実在《じつざい》していて信頼《しんらい》できる」というわけでもないんだ。

要注意情報《ようちゅういじょうほう》 その2

薬剤師仲間《やくざいしなかま》が聞《き》いたらしい・会社《かいしゃ》があるみたい

「らしい」「みたい」という表現《ひょうげん》から、人《ひと》づてに聞《き》いたうえ、不確《ふたし》かな情報《じょうほう》であることがうかがえるね。出《で》どころが不《ふ》明《めい》な情報《じょうほう》はうのみにしないことが肝心《かんじん》だよ。

要注意情報《ようちゅういじょうほう》 その3

今《いま》のうちに買《か》っておく

品物《しなもの》の不足《ふそく》に備《そな》えてたくさん買《か》っておく「買《か》いだめ」は、これまで何度《なんど》も社会問題《しゃかいもんだい》を引《ひ》き起《お》こしているよ。

解説《かいせつ》

だます気持《きも》ちはないのに、間違《まちが》った情報《じょうほう》が広《ひろ》まりやすいのもSNS《エスエヌエス》の特徴《とくちょう》だよ。新型《しんがた》コロナウイルス感染症《かんせんしょう》が流行《りゅうこう》したときには「トイレットペーパーが不足《ふそく》する」という偽情報《にせじょうほう》が出回《でまわ》り、買《か》いだめする人々《ひとびと》が問題《もんだい》になったよ。商品《しょうひん》に関《かん》する情報《じょうほう》は、製造《せいぞう》している会社《かいしゃ》のホームページで確認《かくにん》しよう。

SNS《エスエヌエス》の情報《じょうほう》に気《き》をつけよう！

ひとりの漫画大好《まんがだいす》き少年《しょうねん》

@comicmanga

ねぇ、知《し》ってた？
毎日大《まいにちおお》さじ１杯《ぱい》のお酢《す》を飲《の》むだけで、背《せ》が高《たか》くなるんだって。
１週間前《しゅうかんまえ》からボクも飲《の》みはじめたんだ。
効果《こうか》があった！
身長《しんちょう》が急《きゅう》に伸《の》びた！

要注意情報《ようちゅういじょうほう》 その1

アニメキャラのプロフィール画像《がぞう》

SNS《エスエヌエス》やブログのプロフィール画像《がぞう》を漫画《まんが》やアニメのキャラクターに設定《せってい》していないかな？　著作権《ちょさくけん》を侵害《しんがい》する行為《こうい》だからやめよう。芸能人《げいのうじん》や有名人《ゆうめいじん》の画像《がぞう》は肖《しょう》像権《ぞうけん》の侵害《しんがい》になるよ。

要注意情報《ようちゅういじょうほう》 その2

背《せ》が高《たか》くなるんだって

「お酢《す》を飲《の》むと背《せ》が高《たか》くなる」という情報《じょうほう》の根拠《こんきょ》が示《しめ》されていないね。

要注意情報《ようちゅういじょうほう》 その3

効果《こうか》があった！
身長《しんちょう》が急《きゅう》に伸《の》びた！

お酢《す》を飲《の》んだから背《せ》が伸《の》びたのではなく、成長期《せいちょうき》を迎《むか》えている可能性《かのうせい》もあるよね。

解説《かいせつ》

「背《せ》が伸《の》びた」「病気《びょうき》が治《なお》った」「飲《の》むだけでやせた」など、SNS《エスエヌエス》には健康《けんこう》にまつわる情報《じょうほう》があふれているよ。それだけ人々《ひとびと》の関心《かんしん》が高《たか》いということだね。エビデンス（実験《じっけん》などを通《とお》して得《え》られた科学的《かがくてき》な根拠《こんきょ》や証拠《しょうこ》）が不確《ふたし》かな情報《じょうほう》は、信頼《しんらい》できない可《か》能性《のうせい》が高《たか》いよ。

SNS《エスエヌエス》の情報《じょうほう》に気《き》をつけよう！

くりぃむそおだ

@ kuriiiiiiimusoooooda ★

… フォロー

「2050年《ねん》にはAI《エーアイ》が反乱《はんらん》を起《お》こして人類《じんるい》は滅亡《めつぼう》するんだって！」

最近《さいきん》、こういう情報《じょうほう》をたくさん見《み》るようになった。

真実《しんじつ》に気付《きづ》く人《ひと》が増《ふ》えてきたんだな。


1918年《ねん》のスペイン風邪《かぜ》の流行《りゅうこう》を予言《よげん》した哲学者《てつがくしゃ》も、AI《エーアイ》が反乱《はんらん》を起《お》こして人類《じんるい》が滅亡《めつぼう》すると言《い》っているんだもの。

だからAI《エーアイ》の使用禁止《しようきんし》に私《わたし》は賛成《さんせい》します！

要注意情報《ようちゅういじょうほう》 その1

AI《エーアイ》が反乱《はんらん》を起《お》こして人類《じんるい》は滅亡《めつぼう》する

ショッキングでインパクトのある情報《じょうほう》こそ、冷静《れいせい》に受《う》け止《と》めよう。ＡＩ《エーアイ》がどうして反乱《はんらん》を起《お》こすのか、科学的《かがくてき》な根拠《こんきょ》はなにも示《しめ》されていないよ。

要注意情報《ようちゅういじょうほう》 その2

こういう情報《じょうほう》をたくさん見《み》るようになった

インターネットの検索《けんさく》エンジンは、入力《にゅうりょく》された検索《けんさく》ワードを分析《ぶんせき》して、検索《けんさく》した人《ひと》が「ほしい」と思《おも》っている情報《じょうほう》を優先的《ゆうせんてき》に表示《ひょうじ》するんだ。目《め》にする情報《じょうほう》が増《ふ》えたのではなく、ほかの情報《じょうほう》が目《め》に入《はい》っていないんだよ。

要注意情報《ようちゅういじょうほう》 その3

スペイン風邪《かぜ》の流行《りゅうこう》を予言《よげん》した哲学者《てつがくしゃ》

いつ、どのような形《かたち》で流行《りゅうこう》すると予言《よげん》したのか明《あ》かされていないね。スペイン風邪《かぜ》が流行《りゅうこう》した100年以上前《ねんいじょうまえ》に、ＡＩ《エーアイ》の存在《そんざい》と反乱《はんらん》を予言《よげん》している人《ひと》が実在《じつざい》したら、もっと話題《わだい》になっているんじゃないかな。

解説《かいせつ》

過激《かげき》な内容《ないよう》の投稿例《とうこうれい》だから、さすがに「あやしい」と思《おも》ったかな？　ＳＮＳ《エスエヌエス》を利用《りよう》していると、予言《よげん》や陰謀《いんぼう》といった「あやしいけど気《き》になる」情報《じょうほう》に出会《であ》うかもしれない。情報《じょうほう》の出《で》どころや根拠《こんきょ》を確《たし》かめたり、テレビや新聞《しんぶん》がどう報《ほう》じているか確認《かくにん》したりして、信頼《しんらい》できるかどうか判断《はんだん》しよう。

インターネットの情報《じょうほう》に気《き》をつけよう！

【最新習《さいしんなら》い事《ごと》アンケート】プログラミング教室《きょうしつ》が人気《にんき》！

下《した》の円《えん》グラフは、全国《ぜんこく》の小学生《しょうがくせい》1万人《まんにん》を対象《たいしょう》とした「習《なら》い事《ごと》」のアンケート結果《けっか》です。

1位《い》の塾《じゅく》に続《つづ》き2位《い》にランクインしたのは、プログラミング。数年前《すうねんまえ》までは少数派《しょうすうは》の習《なら》い事《ごと》でしたが、学校《がっこう》の授業《じゅぎょう》に取《と》り入《い》れられた影響《えいきょう》で大人気《だいにんき》となっています。お子様《こさま》の習《なら》い事《ごと》として、プログラミングを考《かんが》えてみてはいかがでしょう？

【習《なら》い事《ごと》はなにをしていますか？】

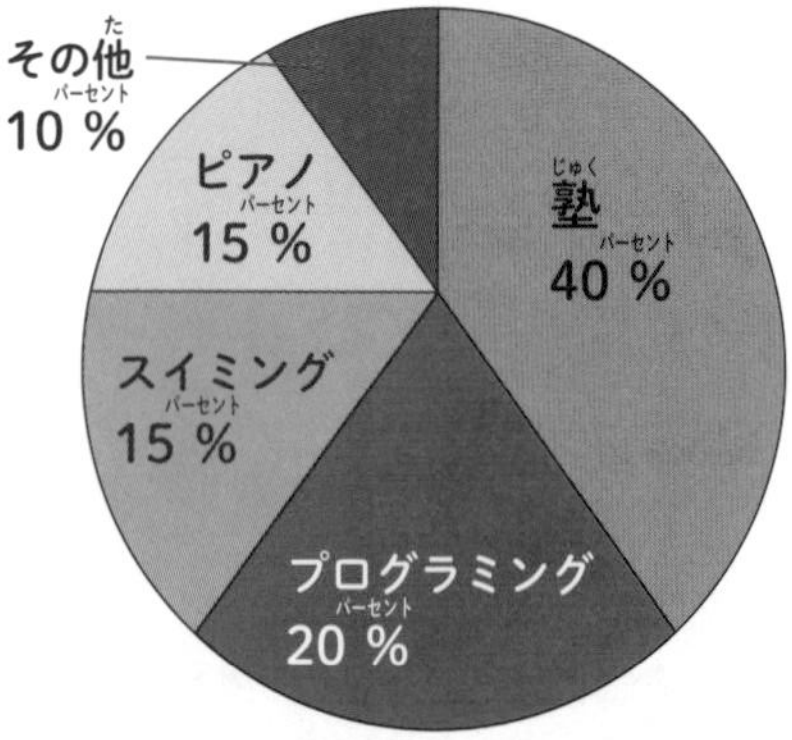

<広告《こうこく》>

要注意情報《ようちゅういじょうほう》 その1

円《えん》グラフの中心点《ちゅうしんてん》

円《えん》グラフの中心点《ちゅうしんてん》がずれているため、「プログラミング（20％《パーセント》）」の割合《わりあい》が大《おお》きく強調《きょうちょう》されて見《み》えるよ。

要注意情報《ようちゅういじょうほう》 その2

回答《かいとう》の選択肢《せんたくし》

1万人《まんにん》の小学生《しょうがくせい》のなかに「習《なら》い事《ごと》はしていない」という人《ひと》がひとりもいないとは考《かんが》えにくい。「していない」という回答《かいとう》が省《はぶ》かれている可能性《かのうせい》が高《たか》いよ。

要注意情報《ようちゅういじょうほう》 その3

広告《こうこく》

画面《がめん》の右下《みぎした》に小《ち》さく「広告《こうこく》」とあるね。「ある会社《かいしゃ》の商品《しょうひん》やサービスを宣伝《せんでん》するための情報《じょうほう》である」という証《あかし》だよ。

解説《かいせつ》

インターネット上《じょう》には、「ニュースなのかな？」と思《おも》うように作《つく》られた広告《こうこく》もあるよ。その場合《ばあい》は、「広告《こうこく》」や「PR《ピーアール》」といった文字《もじ》がサイトのどこかに示《しめ》されているんだ。なかには、アンケート結果《けっか》のグラフを正《ただ》しく表示《ひょうじ》せずに、人《ひと》の気持《きも》ちを誘導《ゆうどう》しようとするものもあるから注意《ちゅうい》が必要《ひつよう》だよ。

インターネットの情報《じょうほう》に気《き》をつけよう！

【100人《にん》に聞《き》きました】
ネコ派《は》よりイヌ派《は》が多《おお》い結果《けっか》に！

　ペットといえばイヌかネコですが、あなたはどちらでしょう？　語呂合《ごろあ》わせで「ワンワン・ニャンニャン」と読《よ》める11月《がつ》22日《にち》に合《あ》わせて、100名《めい》の方《かた》にアンケートを取《と》ってみました。

　結果《けっか》は大差《たいさ》をつけて、イヌ派《は》が勝利《しょうり》！　どちらもかわいい家族《かぞく》の一員《いちいん》として愛《あい》されていることに変《か》わりはありませんが、イヌ派《は》にとってはとびきりワンダフルなニュースとなりました。

【ペットを飼《か》うならイヌ派《は》？ ネコ派《は》？】

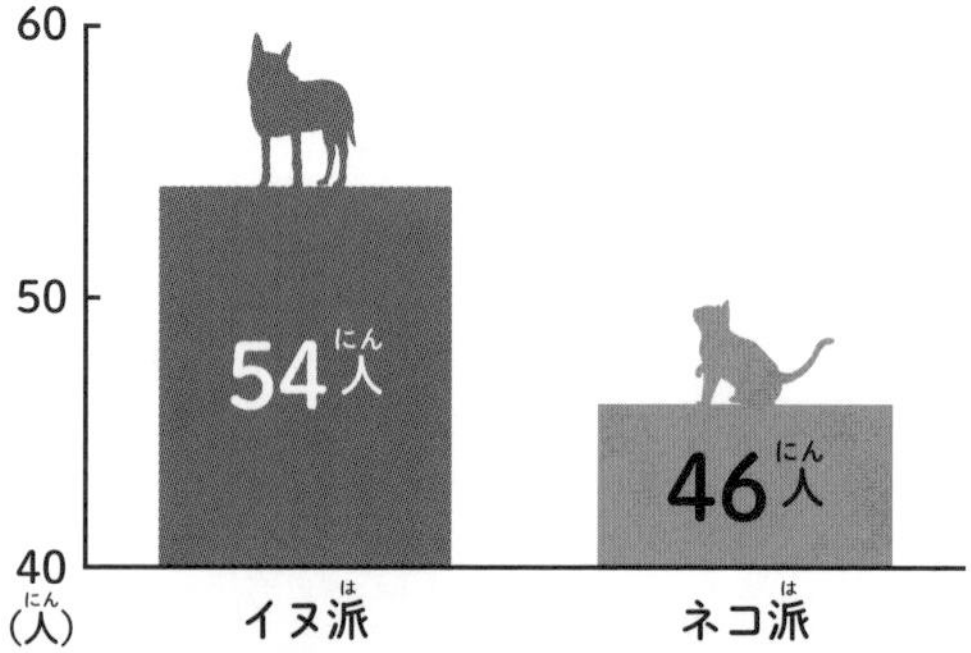

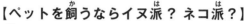

要注意情報《ようちゅういじょうほう》 その1

ペットといえばイヌかネコ

アンケートの前提《ぜんてい》がとても偏《かたよ》っているよね。別《べつ》の種類《しゅるい》の動《どう》物《ぶつ》が好《す》きな人《ひと》や、ペットを飼《か》いたくない人《ひと》もいる。さまざまな考《かんが》え方《かた》が反映《はんえい》されているアンケートとはいえないね。

要注意情報《ようちゅういじょうほう》 その2

棒《ぼう》グラフの縦軸《たてじく》

棒《ぼう》グラフの縦軸《たてじく》の始点《してん》が「40（人《にん》）」になっているね。始点《してん》は「0」からにし、途中《とちゅう》の数値《すうち》を省略《しょうりゃく》する場合《ばあい》は波《は》線《せん》で示《しめ》すのがグラフのルールだよ。

要注意情報《ようちゅういじょうほう》 その3

大差《たいさ》をつけて

イヌ派《は》（54人《にん》）とネコ派《は》（46人《にん》）の違《ちが》いは8人《にん》だけ。イヌ派《は》が4人《にん》ネコ派《は》になれば同数《どうすう》になる。これを「大差《たいさ》（大《おお》きな差《さ》）」と表現《ひょうげん》するのは、オーバーかもしれないね。

解説《かいせつ》

棒《ぼう》グラフの縦軸《たてじく》の始点《してん》が40（人《にん》）になっているために、イヌ派《は》とネコ派《は》に大《おお》きな差《さ》があるように見《み》えるよね。0から伸《の》びているはずの棒《ぼう》グラフがカットされることによって、全体的《ぜんたいてき》な差《さ》がわかりにくくなっているんだ。事実《じじつ》の受《う》け止《と》め方《かた》を操《あやつ》ろうとして使《つか》われることもある手法《しゅほう》だよ。

インターネットの情報《じょうほう》に気《き》をつけよう！

【世代別《せだいべつ》アンケート】

若者《わかもの》ほど動画《どうが》共有《きょうゆう》サイトに夢中《むちゅう》

10代《だい》から60代《だい》のそれぞれ200人《にん》を対象《たいしょう》にインターネットにまつわるアンケートを行《おこな》ったところ、「1週間《しゅうかん》に5回《かい》以上《いじょう》動画《どうが》共有《きょうゆう》サイトを見《み》る」という人《ひと》は若《わか》い世代《せだい》になるほど多《おお》いことがわかりました。特《とく》に若者《わかもの》世代《せだい》は200人中《にんちゅう》183人《にん》、実《じつ》に9割《わり》以上《いじょう》の人《ひと》が動画《どうが》共有《きょうゆう》サイトに親《した》しんでいます。見《み》る理由《りゆう》としては「面白《おもしろ》いから」が、どの世代《せだい》でも1位《い》となりました。

【1週間《しゅうかん》に5回《かい》以上《いじょう》動画《どうが》共有《きょうゆう》サイトを見《み》る人《ひと》】

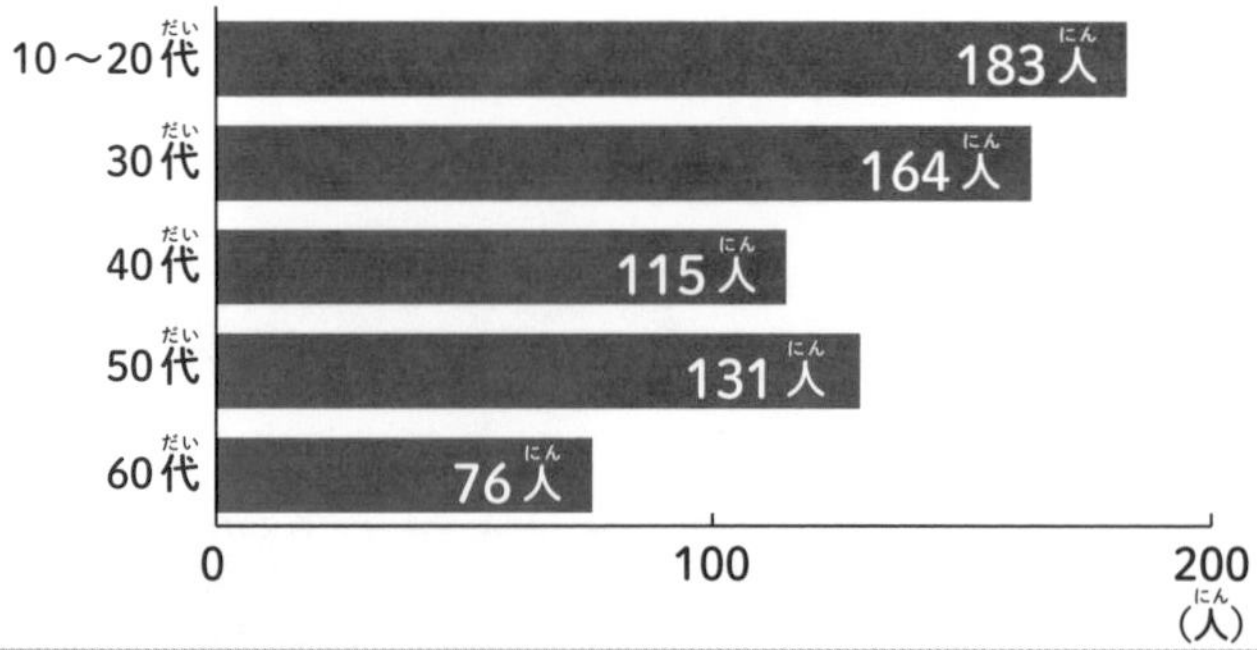

要注意情報《ようちゅういじょうほう》 その1

若《わか》い世代《せだい》になるほど多《おお》い

40代《だい》よりも50代《だい》の方《ほう》が、動画共有《どうがきょうゆう》サイトを見《み》る人《ひと》が多《おお》いことに注目《ちゅうもく》！「若《わか》い世代《せだい》になるほど多《おお》い」という表現《ひょうげん》は間違《まちが》っているよね。

要注意情報《ようちゅういじょうほう》 その2

棒《ぼう》グラフの縦軸《たてじく》・若者世代《わかものせだい》

「若者世代《わかものせだい》」と表現《ひょうげん》されている10～20代《だい》は、10歳《さい》から29歳《さい》まで20歳《さい》の幅《はば》があるのに対《たい》し、ほかの世代《せだい》は10歳分《さいぶん》しか含《ふく》まれていないよ。

要注意情報《ようちゅういじょうほう》 その3

動画共有《どうがきょうゆう》サイトに夢中《むちゅう》

このアンケートでは「動画共有《どうがきょうゆう》サイトを見《み》ている時間《じかん》」がわからないから、「夢中《むちゅう》」という表現《ひょうげん》は行《い》き過《す》ぎだね。

解説《かいせつ》

YouTube《ユーチューブ》をはじめとする動画共有《どうがきょうゆう》サイトは、小学生《しょうがくせい》より小《ち》さい子《こ》どもも慣《な》れ親《した》しんでいるよね。その点《てん》を考《かんが》えると、この調査《ちょうさ》の世代設定《せだいせってい》は少《すこ》し問題《もんだい》があるともいえる。年齢《ねんれい》や性別《せいべつ》、職業《しょくぎょう》など、あらゆる人々《ひとびと》を対象《たいしょう》とした方《ほう》が偏《かたよ》りのないアンケートになるよ。

インターネットの情報《じょうほう》に気《き》をつけよう！

【独自《どくじ》アンケート】

植物園《しょくぶつえん》の開園《かいえん》を小学生《しょうがくせい》は歓迎《かんげい》

　先日《せんじつ》から話題《わだい》になっている植物園《しょくぶつえん》の開園《かいえん》について、A《エー》市《し》・B《ビー》市《し》・C《シー》市《し》・D《ディー》市《し》の小学生《しょうがくせい》にアンケートを取《と》りました。どの市《し》も賛成多数《さんせいたすう》で、4つの市《し》の小学生《しょうがくせい》のほとんどが心待《こころま》ちにしていることがわかりました。楽《たの》しみにしている理由《りゆう》としては「これまでなかったから」や「たくさん草花《くさばな》を見《み》たいから」といった答《こた》えがあり、期待《きたい》に胸《むね》をふくらませている様子《ようす》が伝《つた》わりました。

【植物園《しょくぶつえん》の開園《かいえん》が楽《たの》しみですか？】

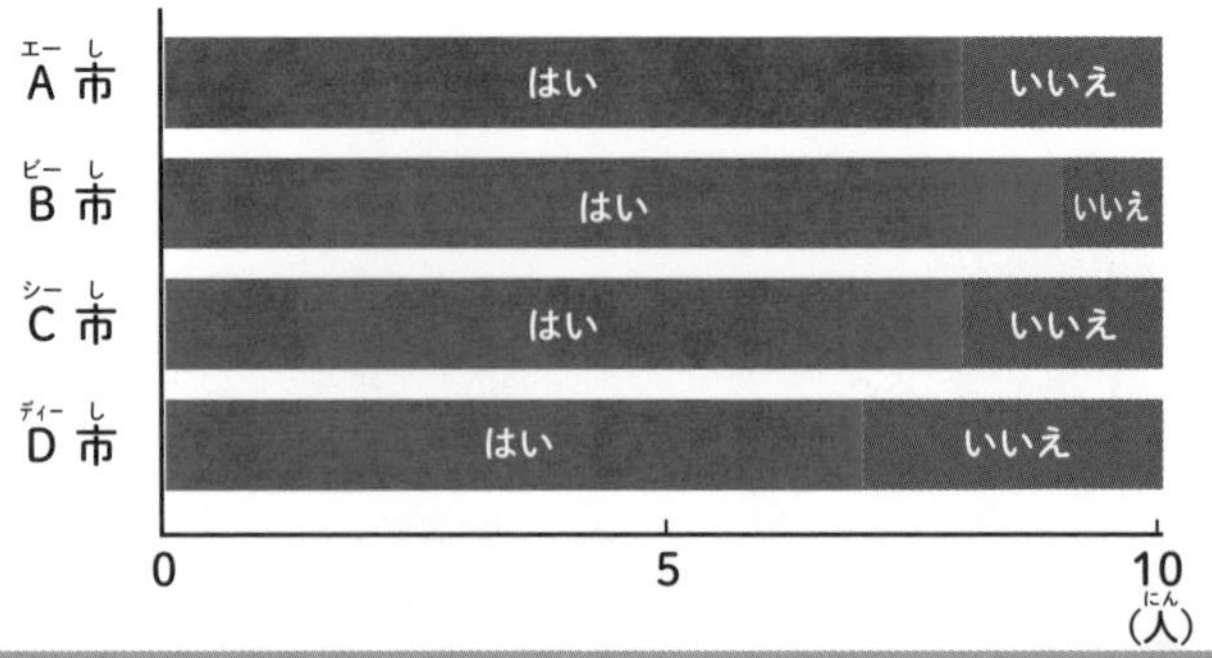

要注意情報《ようちゅういじょうほう》 その1

小学生《しょうがくせい》のほとんど

４つの市《し》の小学生《しょうがくせい》の総人数《そうにんずう》を示《しめ》していないから、「小学《しょうがく》生《せい》のほとんど」とまとめるのは正《ただ》しい表現《ひょうげん》ではないね。

要注意情報《ようちゅういじょうほう》 その2

棒《ぼう》グラフの横軸《よこじく》

棒《ぼう》グラフの横軸《よこじく》に注目《ちゅうもく》！　１つの市《し》あたりの回答者《かいとうしゃ》はたった10人《にん》しかいないね。回答者数《かいとうしゃすう》が少《すく》なすぎるアンケートは、信頼度《しんらいど》が低《ひく》くなるよ。

要注意情報《ようちゅういじょうほう》 その3

アンケートの目的《もくてき》

楽《たの》しみにしていない人《ひと》の理由《りゆう》を書《か》かないのは、なにか目的《もくてき》があるのかも？　と疑《うたが》ってみよう。

解説《かいせつ》

「小学生《しょうがくせい》のなかには植物園《しょくぶつえん》の開園《かいえん》を歓迎《かんげい》している人《ひと》もいる」という事実《じじつ》を、「小学生《しょうがくせい》のほとんどが開《かい》園《えん》を歓迎《かんげい》している」という印象《いんしょう》になるよう、ねじ曲《ま》げて書《か》いていると気付《きづ》いたかな？　インターネットには「こう思《おも》わせたい」という目的《もくてき》をもとに流《なが》される情報《じょうほう》があることを覚《おぼ》えておこう。

ステマ（ステルスマーケティング）に気《き》をつけよう！

旅行大好《りょこうだいす》き家族《かぞく》の日記《にっき》

超超超最高《ちょうちょうちょうさいこう》の旅館《りょかん》にめぐり合《あ》えた！

これまでいろいろな
ホテルや旅館《りょかん》に泊《と》まってきた我《わ》が家《や》。
ついに！　最高《さいこう》の旅館《りょかん》を見《み》つけました。

写真《しゃしん》はこちら。
その名《な》も「極上旅館《ごくじょうりょかん》」です。
広《ひろ》い部屋《へや》！　おいしいごちそう！
露天風呂《ろてんぶろ》もステキなんです。

アーカイブ
・2024年《ねん》　2月《がつ》
1月《がつ》
・2023年《ねん》　12月《がつ》
11月《がつ》
10月《がつ》
9月《がつ》
8月《がつ》
7月《がつ》
6月《がつ》
5月《がつ》
4月《がつ》
3月《がつ》
2月《がつ》
1月《がつ》
・2022年《ねん》　12月《がつ》
11月《がつ》
10月《がつ》
9月《がつ》

要注《ようちゅう》意《い》情報《じょうほう》 その1

PR《ピーアール》や広告《こうこく》の表記《ひょうき》がない

表向《おもてむ》きは宣伝《せんでん》ではないように見《み》せかけながら、こっそり宣伝《せんでん》を行《おこな》う手法《しゅほう》を「ステマ（ステルスマーケティング）」と呼《よ》ぶよ。

要注《ようちゅう》意《い》情報《じょうほう》 その2

超超超最高《ちょうちょうちょうさいこう》

ステマを行《おこな》っている情報発信者《じょうほうはっしんしゃ》は、ステマを依頼《いらい》してきた会社《かいしゃ》からお金《かね》や品物《しなもの》をもらって「良《よ》い評価《ひょうか》」を書《か》いている場合《ばあい》が多《おお》いよ。大《おお》げさな表現《ひょうげん》は要注意《ようちゅうい》。

要注《ようちゅう》意《い》情報《じょうほう》 その3

写真《しゃしん》

実際《じっさい》よりも上質《じょうしつ》な雰囲気《ふんいき》を感《かん》じさせるために、加工《かこう》した写真《しゃしん》を載《の》せていることもあるんだ。

解説《かいせつ》

影響力《えいきょうりょく》のある人《ひと》に、商品《しょうひん》の良《よ》いところだけをＳ《エス》ＮＳ《エヌエス》などで発信《はっしん》してもらうステマの情報《じょうほう》を信《しん》じるのは要注意《ようちゅうい》。いろいろな口《くち》コミサイトで調《しら》べたり、実際《じっさい》に商品《しょうひん》を確認《かくにん》したりしてから判断《はんだん》しよう。ステマは化粧品《けしょうひん》や衣料品《いりょうひん》、健康食品《けんこうしょくひん》などのほかに、宿泊《しゅくはく》施設《しせつ》や映画《えいが》、音楽《おんがく》などの分野《ぶんや》でも見受《みう》けられるよ。

インターネット広告《こうこく》に気《き》をつけよう！

要注意情報《ようちゅういじょうほう》 その1

毎月《まいつき》2回《かい》

「毎月《まいつき》2回《かい》」がいつ、どんなタイミングなのかわからないね。何《なん》か月《げつ》の契約《けいやく》になるのかも書《か》いていないよ。

要注意情報《ようちゅういじょうほう》 その2

今《いま》だけ！

「今《いま》だけ！」が指《さ》し示《しめ》す期間《きかん》を書《か》いていないのもあやしいね。もしかしたら、ずっと「今《いま》だけ」かもしれないよ？

要注意情報《ようちゅういじょうほう》 その3

分割払《ぶんかつばら》いがお手頃《てごろ》でお得《とく》！

3回払《かいばら》いを紹介《しょうかい》する金額《きんがく》の下《した》の部分《ぶぶん》に注目《ちゅうもく》！　小《ちい》さく書《か》いてある手数料《てすうりょう》を合計《ごうけい》すると、400円《えん》×3回《かい》=1200円《えん》増《ふ》えて6600円《えん》。1回払《かいばら》いの6000円《えん》より高《たか》くなってしまうね。

解説《かいせつ》

インターネットの広告《こうこく》のなかには、人《ひと》をだましてお金《かね》をもうける会社《かいしゃ》の広告《こうこく》もまぎれているよ。「今《いま》だけ」「残《のこ》りわずか」「世界初《せかいはつ》」などと目《め》にするとつい気《き》になってしまうけれど、大《おお》げさな文句《もんく》は基本的《きほんてき》に信用《しんよう》しない方《ほう》が安心《あんしん》だね。

フィッシング詐欺《さぎ》に気《き》をつけよう！

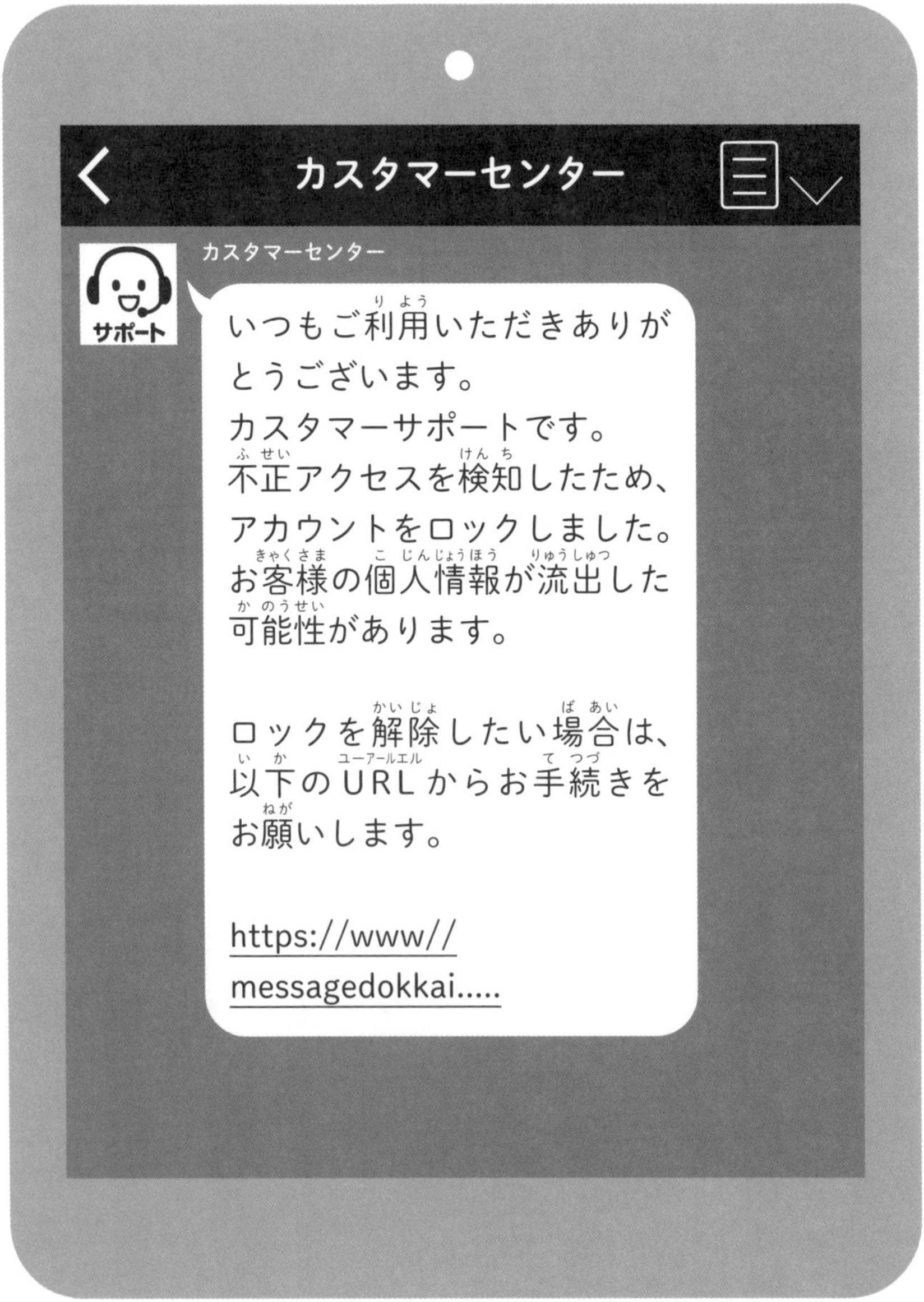

カスタマーセンター
カスタマーセンター
サポート
いつもご利用《りよう》いただきありがとうございます。
カスタマーサポートです。
不正《ふせい》アクセスを検知《けんち》したため、アカウントをロックしました。
お客様《きゃくさま》の個人情報《こじんじょうほう》が流出《りゅうしゅつ》した可能性《かのうせい》があります。
ロックを解除《かいじょ》したい場合《ばあい》は、以下《いか》のURL《ユーアールエル》からお手続《てつづ》きをお願《ねが》いします。
https://www//
messagedokkai.....

要注意情報《ようちゅういじょうほう》 その1

不正《ふせい》アクセスを検知《けんち》・個人情報《こじんじょうほう》が流出《りゅうしゅつ》

不安《ふあん》になるような文章《ぶんしょう》が書《か》いてあるときこそ冷静《れいせい》に！自分《じぶん》だけで判断《はんだん》せず、おうちの人《ひと》と一緒《いっしょ》に対処《たいしょ》しよう。

要注意情報《ようちゅういじょうほう》 その2

アカウントをロック

不正《ふせい》アクセスから情報《じょうほう》を守《まも》るために、アカウントに鍵《かぎ》をかけて（ロック）ログインできないようにする機能《きのう》があるんだ。本当《ほんとう》にログインできないかどうか、まずは確認《かくにん》してみよう。

要注意情報《ようちゅういじょうほう》 その3

URL《ユーアールエル》

このURL《ユーアールエル》が本物《ほんもの》とは限《かぎ》らない。偽物《にせもの》のサイトに氏名《しめい》や電話番号《でんわばんごう》、銀行口座《ぎんこうこうざ》などの情報《じょうほう》を入力《にゅうりょく》させる「フィッシング詐欺《さぎ》」の可能性《かのうせい》があるよ。

解説《かいせつ》

フィッシング詐欺《さぎ》の「フィッシング」は「釣《つ》り」のこと。不正《ふせい》アクセスや個人情報《こじんじょうほう》の流出《りゅうしゅつ》といった文句《もんく》（エサ）で人《ひと》をだまし、個人情報《こじんじょうほう》を入力《にゅうりょく》させて盗《ぬす》む詐欺《さぎ》だよ。身《み》に覚《おぼ》えのないメールやメッセージは無視《むし》するか、おうちの人《ひと》に相談《そうだん》しよう。

グループチャットのなりすましに気《き》をつけよう！

要注意情報《ようちゅういじょうほう》 その1

小《しょう》5女子《じょし》限定《げんてい》

グループチャットは、参加者全員《さんかしゃぜんいん》でおしゃべりをするようにメッセージがやり取《と》りできる機能《きのう》だよ。年齢《ねんれい》や性別《せいべつ》、職業《しょくぎょう》を偽《いつわ》って参加《さんか》する「なりすまし」に気《き》をつけよう。

要注意情報《ようちゅういじょうほう》 その2

着《き》てるとこも見《み》たーい

「着《き》ているところも見《み》たい＝写真《しゃしん》を撮《と》って送《おく》ってほしい」という意味合《いみあ》いにも読《よ》み取《と》れるね。「顔《かお》を隠《かく》せば安全《あんぜん》」と思《おも》いがちだけれど、手足《てあし》などの特徴《とくちょう》から個人情報《こじんじょうほう》が特定《とくてい》される場合《ばあい》もあるよ。

要注意情報《ようちゅういじょうほう》 その3

どこで買《か》ったの？

「〇〇市《し》にあるショッピングセンター」など、住《す》んでいる地域《ちいき》が特定《とくてい》できるような返信《へんしん》をしないように気《き》をつけよう。

解説《かいせつ》

複数《ふくすう》の人《ひと》とメッセージのやり取《と》りができるグループチャットを使《つか》っている人《ひと》も多《おお》いよね。誰《だれ》でも参加《さんか》できるチャットの場合《ばあい》、身分《みぶん》や年齢《ねんれい》を偽《いつわ》っている人《ひと》がいる可能性《かのうせい》もあるよ。個人情報《こじんじょうほう》を聞《き》き出《だ》したり、写真《しゃしん》を送《おく》るよう誘導《ゆうどう》したりするメッセージは無視《むし》し、しつこいようならグループを抜《ぬ》けることも考《かんが》えよう。

チェーンメッセージ（メール）に気《き》をつけよう！

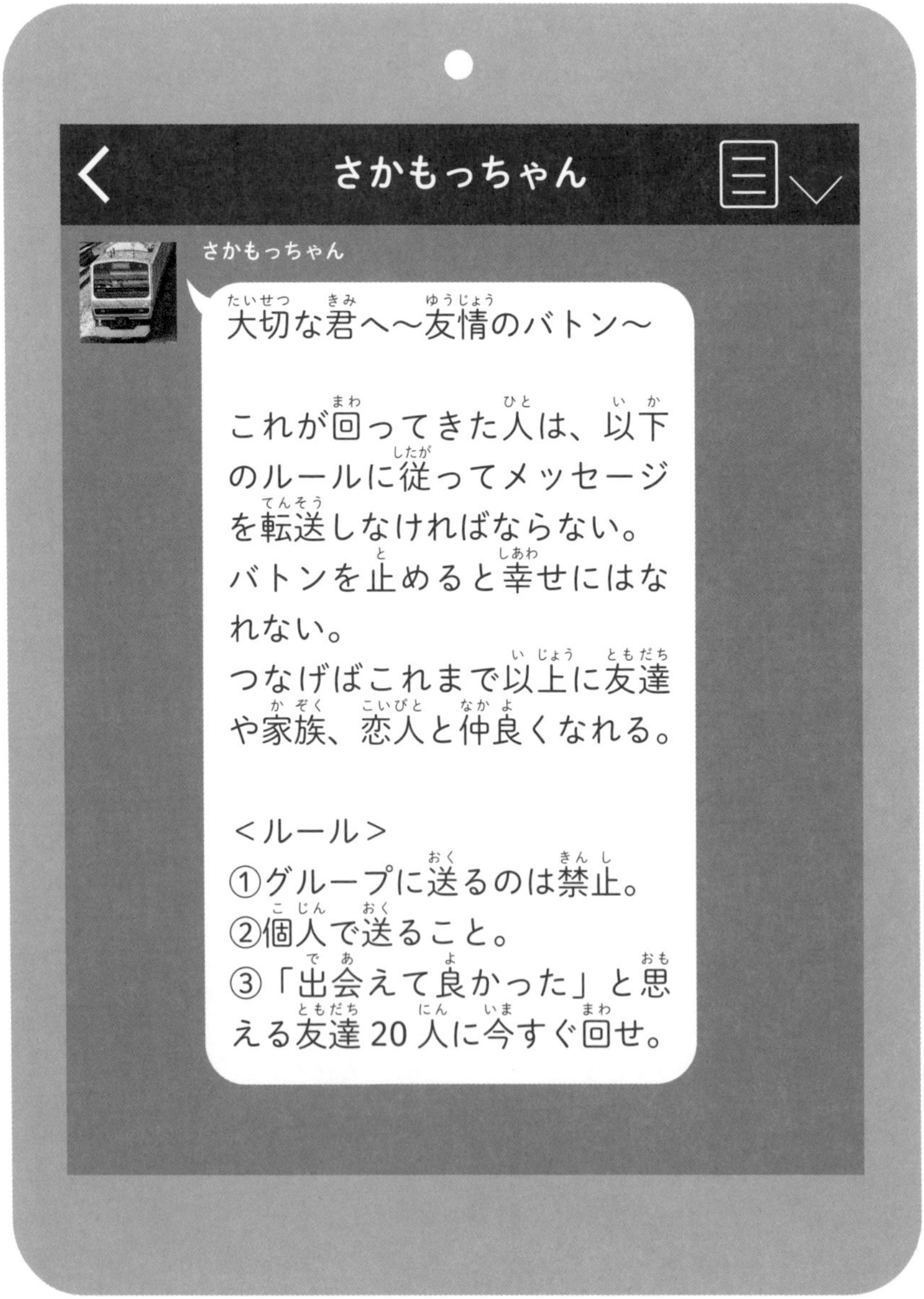

さかもっちゃん
さかもっちゃん
大切《たいせつ》な君《きみ》へ〜友情《ゆうじょう》のバトン〜
これが回《まわ》ってきた人《ひと》は、以下《いか》のルールに従《したが》ってメッセージを転送《てんそう》しなければならない。
バトンを止《と》めると幸《しあわ》せにはなれない。
つなげばこれまで以上《いじょう》に友達《ともだち》や家族《かぞく》、恋人《こいびと》と仲良《なかよ》くなれる。
＜ルール＞
①グループに送《おく》るのは禁止《きんし》。
②個人《こじん》で送《おく》ること。
③「出会《であ》えて良《よ》かった」と思《おも》える友達《ともだち》20人《にん》に今《いま》すぐ回《まわ》せ。

要注意《ようちゅうい》情報《じょうほう》 その1

友情《ゆうじょう》のバトン

次々《つぎつぎ》と鎖《くさり》（チェーン）のようにつながって転送《てんそう》されていくメッセージの内容《ないよう》は真実《しんじつ》かわからない。悪気《わるぎ》がなさそうだとしても信《しん》じないでね。

要注意《ようちゅうい》情報《じょうほう》 その2

転送《てんそう》しなければならない

「不幸《ふこう》になる」「願《ねが》いがかなう」「最新《さいしん》スタンプがもらえる」など、転送《てんそう》しようかなと迷《まよ》わせるような文句《もんく》が含《ふく》まれていたら注意《ちゅうい》しよう。

要注意《ようちゅうい》情報《じょうほう》 その3

友達《ともだち》20人《にん》

「1件《けん》のメッセージを転送《てんそう》しただけ」と思《おも》っていても、受《う》け取《と》った側《がわ》は「またか」とウンザリしているかも。転送《てんそう》した途端《とたん》、キミも迷惑行為《めいわくこうい》を行《おこな》った人《ひと》になってしまうんだ。

解説《かいせつ》

チェーンメッセージ（メール）のなかには、調《ちょう》査《さ》やプレゼントの当選通知《とうせんつうち》を装《よそお》ったものもあるよ。URL《ユーアールエル》が書《か》かれていても、クリックはNG《エヌジー》。詐欺《さぎ》を目的《もくてき》としたサイトにつながってしまうこともあるよ。メッセージは絶対《ぜったい》に転送《てんそう》しないでね。

アカウントの乗《の》っ取《と》りに気《き》をつけよう！

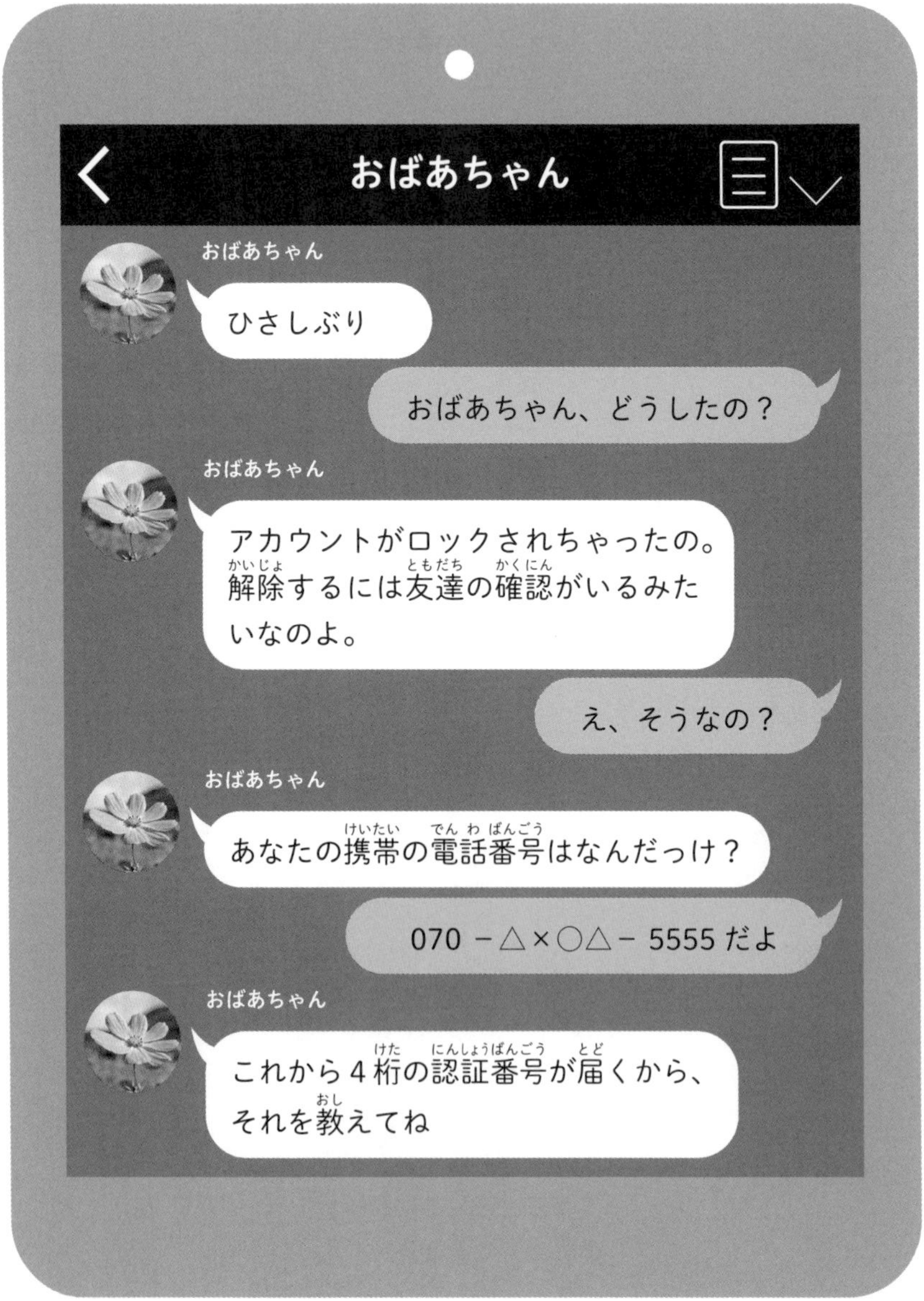

要注意情報《ようちゅういじょうほう》 その1

ひさしぶり

アカウントを乗《の》っ取《と》った人《ひと》が送《おく》るメッセージは「ひさしぶり」や「今忙《いまいそが》しい？」ではじまることが報告《ほうこく》されているよ。

要注意情報《ようちゅういじょうほう》 その2

携帯《けいたい》の電話番号《でんわばんごう》

大事《だいじ》な個人情報《こじんじょうほう》である携帯《けいたい》の電話番号《でんわばんごう》を突然聞《とつぜんき》いてくるって、なんだかあやしいね？

要注意情報《ようちゅういじょうほう》 その3

4桁《けた》の認証番号《にんしょうばんごう》

携帯電話《けいたいでんわ》の番号《ばんごう》と認証番号《にんしょうばんごう》を相手《あいて》に教《おし》えると、アカウントを乗《の》っ取《と》られてしまうおそれがあるよ。

解説《かいせつ》

やり取《と》りをしている相手《あいて》が少《すこ》しでも不自然《ふしぜん》なメッセージを送《おく》ってきたら、乗《の》っ取《と》りを警戒《けいかい》しよう。個《こ》人情報《じんじょうほう》を聞《き》き出《だ》そうとするほかにも、コンビニエンスストアでギフトカードを買《か》うよう頼《たの》んできたり、アプリで送金《そうきん》するようお願《ねが》いしたりするケースもあり、被害《ひがい》が出《で》ているよ。

作者《さくしゃ》・出典《しゅってん》・参考文献一覧《さんこうぶんけんいちらん》

あ行《ぎょう》

〈大正時代《たいしょうじだい》の小説家《しょうせつか》〉
芥川龍之介《あくたがわりゅうのすけ》

P《ピー》69～
「芥川竜之介俳句集《あくたがわりゅうのすけはいくしゅう》」
加藤郁乎《かとういくや》・編《へん》（岩波書店《いわなみしょてん》）
P《ピー》127～
「蜘蛛《くも》の糸《いと》・杜子春《とししゅん》」
芥川龍之介《あくたがわりゅうのすけ》・著《ちょ》（新潮社《しんちょうしゃ》）
●齋藤先生《さいとうせんせい》のオススメ作品《さくひん》
「芋粥《いもがゆ》」「羅生門《らしょうもん》」

〈明治時代《めいじじだい》の詩人《しじん》・歌人《かじん》〉
石川啄木《いしかわたくぼく》

P《ピー》83～
「一握《いちあく》の砂《すな》・悲《かな》しき玩具《がんぐ》」
金田一京助《きんだいちきょうすけ》・編《へん》（新潮社《しんちょうしゃ》）
●齋藤先生《さいとうせんせい》のオススメ作品《さくひん》
「新編《しんぺん》　啄木歌集《たくぼくかしゅう》」

〈明治《めいじ》～大正時代《たいしょうじだい》の小説家《しょうせつか》〉
巌谷小波《いわやさざなみ》
P《ピー》31～
「新訂尋常小学唱歌《しんていじんじょうしょうがくしょうか》　第二学年用《だいにがくねんよう》」
文部省《もんぶしょう》・著《ちょ》（大日本図書《だいにっぽんとしょ》）
●齋藤先生《さいとうせんせい》のオススメ作品《さくひん》
「日本昔噺《にほんむかしばなし》」

〈明治時代《めいじじだい》の詩人《しじん》・翻訳家《ほんやくか》〉
上田敏《うえだびん》

P《ピー》55～
「上田敏全訳詩集《うえだびんぜんやくししゅう》」
山内義雄《やまのうちよしお》、矢野峰人《やのほうじん》・編《へん》
（岩波書店《いわなみしょてん》）
●齋藤先生《さいとうせんせい》のオススメ作品《さくひん》
「海潮音《かいちょうおん》」

〈奈良時代《ならじだい》の歌人《かじん》〉
大伴家持《おおとものやかもち》

P《ピー》75～
「大伴家持全集《おおとものやかもちぜんしゅう》：評釈《ひょうしゃく》」
小泉苳三《こいずみとうぞう》・編《へん》（修文館《しゅうぶんかん》）

〈大正《たいしょう》～昭和時代《しょうわじだい》の小説家《しょうせつか》・歌人《かじん》〉
岡本《おかもと》かの子《こ》

P《ピー》123～
「岡本《おかもと》かの子《こ》　ちくま日本文学《にほんぶんがく》037」
岡本《おかもと》かの子《こ》・著《ちょ》（筑摩書房《ちくましょぼう》）
●齋藤先生《さいとうせんせい》のオススメ作品《さくひん》
「雪《ゆき》の日《ひ》」

〈明治《めいじ》～昭和時代《しょうわじだい》の小説家《しょうせつか》〉
小川未明《おがわみめい》

P《ピー》111～
「小川未明童話集《おがわみめいどうわしゅう》」
小川未明《おがわみめい》・著《ちょ》（新潮社《しんちょうしゃ》）
●齋藤先生《さいとうせんせい》のオススメ作品《さくひん》
「赤《あか》い蝋燭《ろうそく》と人魚《にんぎょ》」

か行《ぎょう》

〈明治《めいじ》～大正時代《たいしょうじだい》の俳人《はいじん》〉
尾崎放哉《おざきほうさい》
P《ピー》71～
「尾崎放哉句集《おざきほうさいくしゅう》」
池内紀《いけうちおさむ》・編《へん》（岩波書店《いわなみしょてん》）
●齋藤先生《さいとうせんせい》のオススメ作品《さくひん》
「尾崎放哉全句集《おざきほうさいぜんくしゅう》」

〈平安時代《へいあんじだい》の歌人《かじん》〉
小野小町《おののこまち》

P《ピー》73～
「古今和歌集評釈《こきんわかしゅうひょうしゃく》　14版《はん》」
金子元臣《かねこもとおみ》・著《ちょ》（明治書院《めいじしょいん》）

〈ドイツの詩人《しじん》〉
カール・ブッセ

P《ピー》55～
「上田敏全訳詩集《うえだびんぜんやくししゅう》」
山内義雄《やまのうちよしお》、矢野峰人《やのほうじん》・編《へん》（岩波書店《いわなみしょてん》）

〈江戸時代《えどじだい》の俳人《はいじん》〉
加賀千代女《かがのちよじょ》

P《ピー》63～
「俳諧松《はいかいまつ》の声《こえ》」
千代尼《ちよに》・著《ちょ》、無外庵既白《むがいあんきはく》・編《へん》

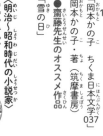

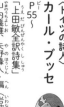

〈大正《たいしょう》時代《じだい》の詩人《しじん》〉

金子《かねこ》みすゞ《ず》

P《ピー》45～

「金子《かねこ》みすゞ《ず》詩選集《しせんしゅう》」

金子《かねこ》みすゞ《ず》・著《ちょ》（春陽堂書店《しゅんようどうしょてん》）

●齋藤先生《さいとうせんせい》のオススメ作品《さくひん》

「私《わたし》と小鳥《ことり》と鈴《すず》と」「蜂《はち》と神《かみ》さま」

〈明治《めいじ》～昭和《しょうわ》時代《じだい》の詩人《しじん》・歌人《かじん》〉

北原白秋《きたはらはくしゅう》

P《ピー》25～

「からたちの花《はな》がさいたよ

――北原白秋童謡選《きたはらはくしゅうどうようせん》」

与田準一《よだじゅんいち》・編《へん》（岩波書店《いわなみしょてん》）

●齋藤先生《さいとうせんせい》のオススメ作品《さくひん》

「赤《あか》い鳥小鳥《とりことり》」「五十音《ごじゅうおん》」

〈昭和《しょうわ》時代《じだい》の詩人《しじん》・俳人《はいじん》〉

木下夕爾《きのしたゆうじ》

P《ピー》43～

「木下夕爾《きのしたゆうじ》児童詩集《じどうししゅう》　ひばりのす」

木下夕爾《きのしたゆうじ》・著《ちょ》（光書房《ひかりしょぼう》）

さ行《ぎょう》

〈昭和《しょうわ》時代《じだい》の作詞家《さくしか》〉

近藤宮子《こんどうみやこ》

P《ピー》29～

「日本唱歌集《にほんしょうかしゅう》」

堀内敬三《ほりうちけいぞう》、井上武士《いのうえたけし》・編《へん》

（岩波書店《いわなみしょてん》）

〈大正《たいしょう》～昭和《しょうわ》時代《じだい》の詩人《しじん》・作詞家《さくしか》〉

サトウハチロー

P《ピー》23～

「サトウハチローの詩《し》ごころ」

サトウハチロー・作詞《さくし》

（キングレコード）

P《ピー》37～

「サトウ　ハチロー詩集《ししゅう》

ちいさい秋《あき》みつけた」

サトウハチロー・著《ちょ》（みゆき書房《しょぼう》）

●齋藤先生《さいとうせんせい》のオススメ作品《さくひん》

「詩集《ししゅう》　ありがとう」

〈明治《めいじ》～昭和《しょうわ》時代《じだい》の詩人《しじん》・小説家《しょうせつか》〉

島崎藤村《しまざきとうそん》

P《ピー》107～

「21世紀版少年少女日本文学館《せいきばんしょうねんしょうじょにほんぶんがくかん》3

ふるさと・野菊《のぎく》の墓《はか》」

島崎藤村《しまざきとうそん》、国木田独歩《くにきだどっぽ》、

伊藤左千夫《いとうさちお》・著《ちょ》（講談社《こうだんしゃ》）

●齋藤先生《さいとうせんせい》のオススメ作品《さくひん》

「初恋《はつこい》」「小諸《こもろ》なる古城《こじょう》のほとり」

〈明治《めいじ》～昭和《しょうわ》時代《じだい》の俳人《はいじん》〉

杉田久女《すぎたひさじょ》

P《ピー》67～

「杉田久女全集第一巻《すぎたひさじょぜんしゅうだいいっかん》」

杉田久女《すぎたひさじょ》・著《ちょ》（立風書房《りっぷうしょぼう》）

〈明治時代《めいじじだい》の政治家《せいじか》〉

千家尊福《せんげたかとみ》

P《ピー》39～

「小学校祝日大祭日儀式用歌詞《しょうがっこうしゅくじつたいさいびぎしきようかし》

並《ならびに》楽譜《がくふ》」（大津商報会社《おおつしょうほうがいしゃ》）

た行《ぎょう》

〈大正《たいしょう》～昭和《しょうわ》時代《じだい》の小説家《しょうせつか》〉

相馬泰三《そうまたいぞう》

P《ピー》115～

「新装版学年別赤《しんそうばんがくねんべつあか》い鳥《とり》

赤《あか》い鳥《とり》5年生《ねんせい》」

赤《あか》い鳥《とり》の会《かい》・編《へん》（小峰書店《こみねしょてん》）

〈大正《たいしょう》～昭和《しょうわ》時代《じだい》の国文学者《こくぶんがくしゃ》・作詞家《さくしか》〉

高野辰之《たかのたつゆき》

P《ピー》21～

「初等科音楽《しょとうかおんがく》一《いち》　第三学年用《だいさんがくねんよう》」

文部省《もんぶしょう》・著《ちょ》（大日本図書《だいにっぽんとしょ》）

●齋藤先生《さいとうせんせい》のオススメ作品《さくひん》

「故郷《ふるさと》」「朧月夜《おぼろづきよ》」

〈昭和《しょうわ》時代《じだい》の小説家《しょうせつか》〉

太宰治《だざいおさむ》

P《ピー》131～

「走《はし》れメロス」

太宰治《だざいおさむ》・著《ちょ》（新潮社《しんちょうしゃ》）

●齋藤先生《さいとうせんせい》のオススメ作品《さくひん》

「女生徒《じょせいと》」「お伽草紙《とぎぞうし》」

〈江戸時代《えどじだい》の歌人《かじん》〉
橘曙覧《たちばなあけみ》
P《ピー》79～
「志濃夫廼舎歌集《しのぶのやかしゅう》」
橘曙覧《たちばなあけみ》・作《さく》、井手今滋《いでいましげ》・編《へん》

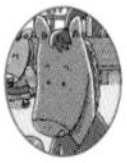

〈大正時代《たいしょうじだい》の詩人《しじん》〉
田中千鳥《たなかちどり》
P《ピー》47～
「田中千鳥《たなかちどり》の世界《せかい》・自由詩《じゆうし》・雨《あめ》と木《こ》のは」
田中千鳥《たなかちどり》・作《さく》
（田中千鳥《たなかちどり》の世界《せかい》ホームページ）

〈明治《めいじ》～昭和時代《しょうわじだい》の俳人《はいじん》〉
種田山頭火《たねださんとうか》
P《ピー》71～
「新編《しんぺん》 山頭火全集《さんとうかぜんしゅう》1巻《かん》」
（春陽堂書店《しゅんようどうしょてん》）
●齋藤先生《さいとうせんせい》のオススメ作品《さくひん》
「山頭火俳句集《さんとうかはいくしゅう》」

〈江戸時代《えどじだい》の俳人《はいじん》〉
田捨女《でんすてじょ》
P《ピー》61～
「日本古典全集《にほんこてんぜんしゅう》 続近世奇人伝《ぞくきんせいきじんでん》」
正宗敦夫《まさむねあつお》・編《へん》
（日本古典全集刊行会《にほんこてんぜんしゅうかんこうかい》）

な行《ぎょう》

〈明治時代《めいじじだい》の小説家《しょうせつか》〉
夏目漱石《なつめそうせき》
P《ピー》87～
「夏目漱石《なつめそうせき》〈ちくま日本文学全集《にほんぶんがくぜんしゅう》〉」
夏目漱石《なつめそうせき》・著《ちょ》（筑摩書房《ちくましょぼう》）
P《ピー》91～
「吾輩《わがはい》は猫《ねこ》である」
夏目漱石《なつめそうせき》・著《ちょ》（新潮社《しんちょうしゃ》）
●齋藤先生《さいとうせんせい》のオススメ作品《さくひん》
「夢十夜《ゆめじゅうや》」

〈昭和時代《しょうわじだい》の小説家《しょうせつか》〉
新美南吉《にいみなんきち》
P《ピー》99～
「新美南吉童話集《にいみなんきちどうわしゅう》」
千葉俊二《ちばしゅんじ》・編《へん》（岩波書店《いわなみしょてん》）
●齋藤先生《さいとうせんせい》のオススメ作品《さくひん》
「里《さと》の春《はる》、山《やま》の春《はる》」

は行《ぎょう》

〈昭和時代《しょうわじだい》の小説家《しょうせつか》〉
林芙美子《はやしふみこ》
P《ピー》89～
「日本児童文学大系《にほんじどうぶんがくたいけい》 第二四巻《だいにじゅうよんかん》」
吉田甲子太郎《よしだきねたろう》、椋鳩十《むくはとじゅう》、林芙美子《はやしふみこ》、田畑修一郎《たばたしゅういちろう》・著《ちょ》（ほるぷ出版《しゅっぱん》）
●齋藤先生《さいとうせんせい》のオススメ作品《さくひん》
「泣虫小僧《なきむしこぞう》」

ま行《ぎょう》

〈明治時代《めいじじだい》の俳人《はいじん》・歌人《かじん》〉
正岡子規《まさおかしき》
P《ピー》65～／P《ピー》67～
「子規句集《しきくしゅう》」
高浜虚子《たかはまきよし》・選《せん》（岩波書店《いわなみしょてん》）
●齋藤先生《さいとうせんせい》のオススメ作品《さくひん》
「病床六尺《びょうしょうろくしゃく》」

〈江戸時代《えどじだい》の俳人《はいじん》〉
松尾芭蕉《まつおばしょう》
P《ピー》57～
「おくのほそ道《みち》：去来本《きょらいぼん》」
松尾芭蕉《まつおばしょう》・著《ちょ》、勝峯晋風《かつみねしんぷう》・編《へん》
（岩波書店《いわなみしょてん》）
●齋藤先生《さいとうせんせい》のオススメ作品《さくひん》
「芭蕉全句集《ばしょうぜんくしゅう》 現代語訳付《げんだいごやくつ》き」

〈昭和時代《しょうわじだい》の詩人《しじん》〉
まど・みちお
P《ピー》19～
「まど・みちお 全詩集《ぜんししゅう》〈新訂版《しんていばん》〉」
まど・みちお・著《ちょ》（理論社《りろんしゃ》）
●齋藤先生《さいとうせんせい》のオススメ作品《さくひん》
「やぎさんゆうびん」

〈明治《めいじ》～昭和時代《しょうわじだい》の詩人《しじん》〉
三木露風《みきろふう》
P《ピー》35～
「赤《あか》とんぼ 三木露風童謡詩集《みきろふうどうようししゅう》 CD《シーディー》付《つ》き」
三木露風《みきろふう》・著《ちょ》（ネット武蔵野《むさしの》）
●齋藤先生《さいとうせんせい》のオススメ作品《さくひん》
「かっこう」

〈大正《たいしょう》～昭和時代《しょうわじだい》の詩人《しじん》・小説家《しょうせつか》〉
宮沢賢治《みやざわけんじ》
P《ピー》103～
「風《かぜ》の又三郎《またさぶろう》 宮沢賢治童話集《みやざわけんじどうわしゅう》（上《じょう》）」
宮沢賢治《みやざわけんじ》・著《ちょ》（新潮社《しんちょうしゃ》）
●齋藤先生《さいとうせんせい》のオススメ作品《さくひん》
「銀河鉄道《ぎんがてつどう》の夜《よる》」「春《はる》と修羅《しゅら》」

や行《ぎょう》

ら行《ぎょう》

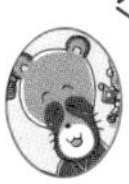

わ行《ぎょう》

齋藤 孝（さいとう　たかし）

1960年静岡県生まれ。明治大学文学部教授。東京大学法学部卒業。専門は教育学、身体論、コミュニケーション論。著書に『12歳までに知っておきたい語彙力図鑑』『12歳までに知っておきたい言い換え図鑑』（ともに日本能率協会マネジメントセンター）『誰でも書ける最高の読書感想文』（角川文庫）『呼吸入門』『上機嫌の作法』『三色ボールペン情報活用術』（以上、角川新書）『大人のための読書の全技術』（KADOKAWA 中経出版）『声に出して読みたい日本語』（草思社）『雑談力が上がる話し方』（ダイヤモンド社）など。コミュニケーション塾など斎藤メソッド随時開催。参加希望の方は、X、ブログをご覧ください。

※読みやすいように改行を加えた箇所、字下げをした箇所、旧仮名遣いを新仮名遣いに改めた箇所、漢字を新字体に改めた箇所があります。
※漢字の読み仮名は、現代仮名遣いに改めています。
※原典に読み仮名のついていない漢字と繰り返し記号には、ふさわしいと考えられる読み仮名をつけました。

「理解力」が高まる！
12歳までに知っておきたい読解力図鑑

2024年　3月10日　初版第1刷発行
2024年　5月10日　　　第3刷発行

著　者　齋藤 孝　
発行者　張 士洛
発行所　日本能率協会マネジメントセンター
〒103-6009　東京都中央区日本橋 2-7-1　東京日本橋タワー
TEL 03（6362）4339（編集）/03（6362）4558（販売）
FAX 03（3272）8127（編集・販売）
https://www.jmam.co.jp/

企画・制作　micro fish
構成・編集協力　本間美加子
カバー・本文デザイン　平林亜紀（micro fish）
イラスト　森のくじら
印刷・製本　三松堂株式会社

JASRAC　出　2400375-401

ISBN　978-4-8005-9179-1　C8077
落丁・乱丁はおとりかえします。
PRINTED IN JAPAN